Cuxhaven

Maritime Stadt mit Zukunft und Geschichte

Mit Fotografien von Martin Elsen,
Hartmut Mester und Stefan Hofecker,
sowie Texten von Nik Schumann

Medien-Verlag Schubert

Vorwort

Die Geschichte der Menschheit ist seit Anbeginn von Veränderung geprägt. Naturkatastrophen, Klimawandel, Kriege, Völkerwanderung, Epidemien und vor allem die Weiterentwicklung von Wissenschaft und Technik haben die Welt in vielen Bereichen total umgestaltet. In den letzten beiden Jahrhunderten hat sich diese Dynamik weiter beschleunigt. Erfindungen wie die der Dampfmaschine, des mechanischen Webstuhls oder des Kunstdüngers (um nur drei Beispiele zu nennen) haben zu gravierender Neuordnung der Arbeitswelt geführt und die Struktur vieler Regionen und ganzer Länder massiv verändert. Wie Elektronik und digitale Nachrichtentechnik die Zukunft bestimmen, ist heute in allen Lebensbereichen zu spüren, die Auswirkungen sind kaum absehbar.

Dies eine kleine Vorbemerkung, um nun den Focus auf die Entwicklung Cuxhavens zu legen. Seit der Übernahme der Region durch Hamburg (1393 Eroberung von Schloss Ritzebüttel) vollzog sich über Jahrhunderte eine langsame, aber stetige Entwicklung. Mit der Gründung des Seebades (1818), der Gründung des Seefischmarktes (1905) und dem Aufbau einer Fischereiflotte hatte man sich schon drei solide Standbeine geschaffen. Mit dem Einzug der Kaiserlichen Marine und dem Status einer Garnisonsstadt folgte ein viertes.

Die Inbetriebnahme der Eisen bahnlinien Harburg – Cuxhaven und Geestemünde – Cuxhaven, der Ausbau der Häfen, der Bau des Steubenhöfts und der Hapaghallen sowie weiterer Fischhallen schuf eine zusätzliche Dynamik. Es entstanden Tausende von Arbeitsplätzen in der Fischindustrie, auf den Werften (Mützelfeldt und Beckmann) sowie in den Handwerksbetrieben und der Gastronomie.

Der Beginn des 1. Weltkrieges unterbrach diese Entwicklung abrupt. Auch in den Jahren nach dem ersten großen Krieg kam die Wirtschaft kaum wieder richtig in Gang. Inflation, Massenarbeitslosigkeit und die Auswirkungen der Versailler Verträge prägten die Jahre bis 1933.

Die ersten sechs Jahre der NS-Herrschaft sorgten zwar für einen gewissen Aufschwung, aber die Folgen des 1939 begonnenen 2.Weltkrieges waren auch für Cuxhaven verhängnisvoll. Vom Bombenkrieg blieb man im Gegensatz zu Bremerhaven, Wilhelmshaven oder Kiel weitgehend verschont, doch die Jahre nach 1945 waren für die Stadt und ihre Einwohner eine harte Zäsur. Die Verminung weiter Gebiete der Nordsee, die während des Krieges erlittenen Verluste der Fischereiflotte und die Einschränkungen des Fischfanges durch die Besatzungsmächte behinderten den Wiederaufbau der Fangflotte und der Fischindustrie erheblich.

Doch nach der Währungsreform begann für Cuxhaven auch eine kleine „Wirtschaftswunderzeit". Die Fischanlandungen stiegen von Jahr zu Jahr, die Fischindustrie blühte auf, die Touristen kamen wieder und als im Zuge der Remilitarisierung Cuxhaven wieder Garnison für die Marine wurde und Altenwalde Standort für zwei Bataillone des Heeres, war es um die Stadt an der Elbmündung gut bestellt. Doch daran sollte sich in den folgenden Jahren leider einiges ändern.

Der Abzug der Bundeswehr beendete den fast einhundert Jahre währenden Status als Garnisonsstadt. Die internationalen Fischereiabkommen bedeuteten ein weitgehendes Aus für die Hochseefischerei und traf auch die hiesige Fischindustrie hart. Ferntourismus und die schnelle Erreichbarkeit der Seebäder in den neuen Bundesländern stellen auch heute noch für die Cuxhavener Touristikbranche ein Problem dar. Dazu kommt der demografische Wandel, Alterung und Abwanderung haben dazu geführt, dass die Einwohnerzahl seit den 70er Jahren von 64.000 auf unter 50.000 gesunken ist. Doch es gibt zum Glück viele positive Aspekte, und vor allem die Entwicklung der Stadt als wichtiger Standort für die Windkraftindustrie gehören dazu. Martin Elsen und Hartmut Mester, Stefan Hofecker und Jörn Meyer als Fotografen und Nik Schumann als Textautor hoffen, mit dem vorliegenden Buch ein lebendiges und aktuelles Bild unserer Stadt gezeichnet zu haben.

ISBN 978-3-937843-59-9

Konzept/Gestaltung: Medien-Verlag Schubert/Thomas Börnchen
Druck: Grafisches Centrum Cuno

Inhalt

Vorwort	2
Ein Blick in die Geschichte	4
Aus Ritzebüttel wurde Cuxhaven	8
Cuxhaven avanciert zum Seebad	10
Das Schloss Ritzebüttel	16
Cuxhavens Kirchen	19
Hafen am Tor zur Welt	23
Maritimes Sicherheitszentrum	30
Wirtschaft und Kultur	31
Deutsches Offshore-Industrie-Zentrum Cuxhaven	32
Feuerschiffe, Seezeichen, Seelotsen, Hafen- und Hochseeschlepper	37
HAPAG-Hallen und Steubenhöft	44
Cuxhaven und die Fischerei	48
Museum „Windstärke 10“	54
Die Parade der Schiffe	56
Die Seeschlacht bei Helgoland	62
Das Fort Kugelbake	63
Hundert Jahre Garnisonsstadt und Marinestützpunkt	64
Stadtbummel	68
Joachim Ringelnatz und seine Zeit in Cuxhaven	69
Bäderarchitektur in Cuxhaven	72
Die Grimmershörnbucht	74
Alte Liebe	77
Döse – Von der Kugelbake bis Steinmarne	78
Duhnen – Vom Dorf in den Dünen zum Seebad	84
Marineflieger, Seeflughafen und Aeronautikum in Nordholz	88
Sahlenburg, Finkenmoor, Brockes- und Wernerwald	91
Altenbruch	94
Altenwalde und Lüdingworth	96
Holte-Spangen – das Reiterdorf an der Küstenheide	100
Die Cuxhavener Küstenheide	101
UNESCO-Weltnaturerbe Wattenmeer	104
Drei Inseln im Wattenmeer – Neuwerk, Scharhörn und Nigehörn	108

Ein Blick in die Geschichte

Nicht hinter den sieben Bergen, wie es im Märchen von Schneewittchen und den sieben Zwergen heißt, sondern weit oben im Norden Germaniens lag ein kleines Küstengebiet, begrenzt von Elbe, Weser, Oste, Medem und Geeste, um die Zeitenwende weit entfernt von Kultur und Zivilisation. Keine Brücken querten die Flüsse, keine befestigten Straßen führten dorthin, Moore und Sümpfe erschwerten den Weg zusätzlich. Die Berichte von römischen Autoren wie Plinius und Tacitus über das kärgliche Dasein der damaligen Küstenbewohner lassen nur ahnen, wie hart und entbehrungsreich deren Leben war. Kriege, Krankheiten und Naturgewalten, vor allem die immer wieder auftretenden Sturmfluten prägten das Leben der Chauken, die Bezeichnung für den damals hier siedelnden sächsischen Volksstamm. Wir überspringen jetzt die Zeit der Missionare, die Kämpfe der Franken unter Karl dem Großen mit den Sachsen, die Epoche der Wikingerüberfälle und Heinrich des Löwen, ebenso die Zeit der Auseinandersetzungen der Herzöge von Sachsen-Lauenburg mit dem Bremer Erzbistum. Über all die Ereignisse ist schon viel geschrieben worden, wir wollen an dieser Stelle von Cuxhaven und wie es dort früher zuging, berichten. Den Aufzeichnungen der Äbtissin Busla (1361–1428) des Klosters Neuenwalde, für deren Echtheit wir nicht bürgen können, haben wir Folgendes entnommen:

„In einer Epoche des Mittelalters, nach Jahrhunderten des Schreckens, brachen hier an der Elbmündung fast paradiesische Zustände an. Auf einer aus Backsteinen gemauerten Burg residierten die Ritter von der Lappe. Unter ihrer Herrschaft ging es damals recht sündig und vergnüglich zu. In ihrem kleinen Territorium pflegten sie einen üppigen Lebensstil. Das Land umher war fruchtbar, Futter genug für Kühe, Schweine und das Federvieh, auf den fetten Marschweiden grasten die Pferde der Rittersleute. In den Wäldern gab es reichlich Wild und auf den Feldern gedieh genügend Korn für Brot und Bier. Für Gaukler und Musikanten war die Spielmannsscheune bei der Burg eine Art Wallfahrtsziel, waren die Herren doch recht freigiebig und zahlten ein gutes Salär. Hier in Ritzebüttel, so wurde der Flecken seit einiger Zeit genannt, wurde viel gefeiert. In der Elbe gab es mehr Stör und Lachs als man fangen konnte, der Kaviar war so reichlich, dass selbst die Hunde ihn zu schmecken bekamen.

Im Wattenmeer existierten üppige Austernkolonien. Einmal im Monat schickten die Lappes ein Schiff nach Antwerpen

oder Brügge, um dort Austern und Kaviar gegen Wein und Likör einzutauschen und für ihre Damen und Burgfräuleins allerlei Schnickschnack, Stoffe, flämisches Gebäck und Pralines kaufen zu lassen. Die Kunde vom süßen Leben der unfrommen Lappes drang bis in die Freie und Hansestadt Hamburg. Dort war man sicher, die Lappes bezahlten ihr Wohlleben nicht zuletzt durch die Einkünfte aus See- und Strandräuberei und hatten wohl auch das eine oder andere Hamburger Schiff gekapert. Dazu lebten die Lappes auch noch auf Pump, sie hatten den Hamburgern einige ihrer Kirchspiele verpfändet, jedoch vergessen, die Zinsen zu bezahlen. Nach Jahren voller Frust und Neid beschlossen die dortigen Ratsherren, dem Treiben an der Flussmündung ein Ende zu setzen. Sie schlossen mit den Bauern aus dem benachbarten Land Wursten einen Pakt und erstürmten 1393 gemeinsam die Burg der Ritter. Bei der anschließenden Siegesfeier leerten sie alle Flaschen und Fässer des Burgkellers. Endlich wieder ernüchtert, zwangen sie die Lappes, ihren Besitz an Hamburg zu verkaufen."

Seit dieser Zeit hat Hamburg für die nächsten fünfhundert Jahre das Amt Ritzebüttel, wie es von jetzt an hieß, in Besitz gehabt. Auf der im Laufe der Jahre zum Schloss umgebauten Burg regierte ein aus der Hansestadt für eine Periode von jeweils sechs Jahren abgeordneter Amtmann, versehen mit vielerlei Befugnissen, die Exklave. Deren Hauptaufgabe war es, ein Auge darauf zu haben, dass hier am Ort nichts geschah, was für Hamburgs Entwicklung schädlich sein könnte. Man muss aber eingestehen, dass Hamburg viel für die Infrastruktur seiner Besitzung an der Elbmündung getan und viel Geld in sie investiert hat. Eines ist den Hamburgern ganz hoch anzurechnen: Sie haben es geschickt verstanden, sich aus fast allen kriegerischen Konflikten, von der Zeit des Dreißigjährigen Krieges bis zu Beginn der Napoleonischen Ära, herauszuhalten. Durch die Zugehörigkeit zur Hansestadt hatte das Amt Ritzebüttel, im Gegensatz zum benachbarten Umland, weder eine dänische noch eine schwedische Besatzungszeit zu erdulden.

Von den Hamburger Amtmännern, die vom Schloss Ritzebüttel aus die Exklave der Hansestadt regierten, sollen zwei besonders hervorgehoben werden: Barthold Heinrich Brockes und Amandus Abendroth. Ersterer ließ während seiner Amtszeit von April 1735 bis April 1741 das Deich- und Feuerlöschwesen verbessern. Er richtete einen Viehmarkt ein, eine wöchentliche Postverbindung nach Hamburg und ließ zur Sicherung des Elbfahrwassers neue Tonnen auslegen sowie Baken aufstellen. Auch die Fortsetzung der Arbeiten am Bollwerk „Alte Liebe" und weitere Baumaßnahmen zum Uferschutz gehen auf seine Initiative zurück. Rund um seinen Amtssitz ließ Brockes einen wunderschönen Park anlegen. Die Aufforstung und Umwandlung eines Wäldchens zwischen Stickenbüttel und Sahlenburg zu einem Wald, der heute seinen Namen trägt, war ebenfalls seine Idee. Das wichtigste für den gelehrten Mann aber war, sich seinen literarischen Neigungen zu widmen. Neun Bände umfasst sein Hauptwerk „Irdisches Vergnü-

Alljährlich wird in Cuxhaven bei einem Festmahl Barthold Heinrich Brockes gedacht. Als Amtmann residierte dieser von 1735 bis 1741 auf Schloss Ritzebüttel. Ein kleines Waldstück zwischen Stickenbüttel und Sahlenburg trägt seinen Namen. Die Bedeutung von Brockes als Dichter der Aufklärung wurde schon zu seiner Zeit und wird auch heute von der Kritik sehr unterschiedlich bewertet.

Dr. Amandus Augustus Abendroth (1767-1842), Ratsherr in Hamburg und Amtmann in Ritzebüttel von 1809-1811 und ein weiteres Mal von 1814-1821. Abendroth gründete 1816 das Seebad Cuxhaven.

Seite 4: Ausschnitt der Karte „Des Herzogtums Bremen Nördliche Ämter mit dem Lande Hadeln", Kupferstich gegen Ende des 17. Jahrhunderts. Hier wird ersichtlich, wie dünn besiedelt das Amt Ritzebüttel noch um diese Zeit war.

Amtmann Gustav Heinrich Kirchenpauer in Ritzebüttel, 06.06.1852 - 28.08.1864 (Foto P. Grosenich)

gen in Gott". Der siebte Band trägt den Titel „Landleben in Ritzebüttel", gedruckt wurde er 1743.

Dr. Amandus Abendroth war von 1809 bis 1811 und nach den Befreiungskriegen noch einmal von 1814 bis 1821 Amtmann in Ritzebüttel. Seiner Tatkraft und Weitsicht hat Cuxhaven außerordentlich viel zu verdanken. Abendroth tat viel für das Schulwesen; der Bau der Ritzebütteler Rektorschule, der Döser Schule und die Gründung einer Schule für „höhere Töchter" gehen auf seine Initiative zurück. Weiterhin sind zu nennen: Bau der Martinskirche (1816–1819), Gründung des Seebades (1816), Ausbringung des ersten Feuerschiffes „Seestern" in der Elbmündung (1816) und die Gründung eines Armenhauses. Mit dem Bau von zwei Heringssalzereien legte er den Grundstock für die hiesige Fischindustrie. Es ist sicher nicht übertrieben, wenn man behauptet, hätte es Abendroth nicht gegeben, wäre die Entwicklung Cuxhavens nicht so positiv verlaufen.

Doch obwohl Hamburg durchaus bereit war, Geld in seinen „Vorposten" an der Elbe zu investieren und die Abendroth'schen Maßnahmen Wirkung zeigten, stagnierten Wirtschafts- und Bevölkerungsentwicklung über lange Zeit. Das hing einerseits mit den äußerst schwierigen Verkehrsverhältnissen zusammen, das Amt war nur schwer zu erreichen, egal ob zu Wasser oder zu Lande. Anderseits spielte auch das häufig auftretende Marschenfieber eine Rolle. Die Gegend galt als ausgesprochen ungesund, viele zogen von hier weg und suchten ihr

Blick auf den Alten Hafen um 1850, links neben dem Leuchtturm das alte Badehaus. Vom gleichen (unbekannten) Künstler stammen die Ansicht des Neuwerker Turms (unten) und des Schlosses Ritzebüttel (Seite 6). Er wurde in seiner Urform zwischen 1300 und 1310 auf einem Steinfundament mit einem hölzernen Oberbau errichtet. Nach einem Brand um 1375 wurde der Turm in seiner weitgehend heutigen Form bis 1380 in Backsteinbauweise wieder hergestellt.

Glück anderswo. Das „Amt Ritzebüttel" besaß nach einer Statistik aus dem Jahr 1820 4231 Einwohner, in Cuxhaven, der kleinen Fischersiedlung am Schleusenpriel, zählte man 67 Häuser mit insgesamt 478 Bewohnern. Erst nach Beendigung des Deutsch-Französischen Krieges 1870/71, als hier Soldaten und Bauarbeiter einzogen und man mit dem Bau der Küstenforts begann, sollte die Zahl der Einwohner sprunghaft ansteigen. 1864 verließ Dr. jur. Dr. phil. Kirchenpauer als letzter Hamburger Amtmann Ritzebüttel.

Aus Ritzebüttel wurde Cuxhaven

Viele Orte sind stolz auf ihre Vergangenheit. Städte wie Köln oder Trier können sogar noch ihre Namen aus der Zeit ableiten, als sie zum römischen Imperium gehörten. Da kann Cuxhaven nicht mithalten. Aber auch in keinem Konversationslexikon aus dem 17. oder 18. Jahrhundert findet man Cuxhaven, weder unter „C“ noch unter „K“. Doch der Ort hat Geschichte, nur nicht unter seinem heutigen Namen. Wobei der Ortsname Cuxhaven keine Wortneuschöpfung ist wie Bremerhaven oder gar Wilhelmshaven. Über Jahrhunderte war Kuckshafen, Cuxhaven, Cuxhafen oder auch Koogshafen und Kuckshaven geschrieben, eine ganz kleine Fischersiedlung am Ritzebütteler Schleusenpriel. Wenn ein Gast oder auch der eine oder andere Cuxhavener hört, dass erst im Jahre 1872 Ritzebüttel und Cuxhaven zu einem veritablen Ort verschmolzen sind, mag er es kaum glauben. In jenem Jahr beschlossen nämlich die Gemeinderäte von Ritzebüttel und dem mittlerweile größeren Ortsteil Cuxhaven, sich gemeinsam nach dem Letzteren zu benennen. In diesem Zusammenhang muss erwähnt werden, dass man sich 1905 nochmals vereinte, diesmal mit dem Dorf Döse. Hierdurch vergrößerte sich die Einwohnerstatistik um 2300 Köpfe, insgesamt auf ca. 12000. Zwei Jahre später konnte man dann die Ernennung zur jüngsten Stadt des Deutschen Reiches feiern. Und es gab weiter Grund zum Jubeln: 1935 bekam Cuxhaven erneut Zuwachs. Die neuen Kinder waren die Orte Groden, Westerwisch, Süderwisch, Stickenbüttel, Duhnen und die Insel Neuwerk mit Scharhörn.

Allerdings konnte man sich darüber nicht lange freuen, 1937 wurde das „Groß-Hamburg-Gesetz“ vom Reichstag verabschiedet, vielleicht ein später Dank des Führers? Der Cuxhavener Rat hatte schon 1933 die Bahnhofstraße in Adolf-Hitler-Straße umbenannt, auch der Kaemmererplatz trug bis 1945 den Namen des Führers und Reichskanzlers. Dieser besuchte im Dezember 1934 und im Mai 1937 die Stadt; die Bevölkerung hat ihn seinerzeit überaus herzlich empfangen.

Cuxhaven war nun jedenfalls kreisfreie Stadt in der Provinz Hannover des Landes Preußen. Hamburg bekam im Tausch für seinen Besitz an der Elbmündung – Cuxhaven und die Insel Neuwerk – unter anderem Altona und Harburg. Es war wohl doch kein gutes Geschäft, die meisten Cuxhavener wären gerne hamburgisch und damit hanseatisch ge-

Stadtplan von Cuxhaven und Ritzebüttel, Kupferstich aus dem Jahr 1817.

blieben. Aber das bedürfte einer anderen Untersuchung. Die Geschichte geht weiter: 1946, jüngst genannter Platz und auch die Strasse hatten wieder ihre alten Namen, Cuxhaven gehörte jetzt zum neu gebildeten Land Niedersachsen. Und es wurde weiter getauscht, eingemeindet und gebietsreformiert. Hamburg bekam Neuwerk und Scharhörn zurück und gab dafür Gelände für die Erweiterung des Cuxhavener Fischereihafens. 1970–1972 wurden noch ein paar weitere Nachbargemeinden, wie es so schön heißt, eingegliedert. Es waren Sahlenburg, Altenbruch, Lüdingworth, Altenwalde, Arensch, Berensch und Holte-Spangen. Cuxhaven hatte jetzt eine Grundfläche wie Hannover, ca. 178 Quadratkilometer und ca. 64 000 Einwohner, leider nicht allzu lange, heute sind es mehr als 11 000 weniger. Dafür ist Cuxhaven aber seit 1977 offiziell eine „Große selbstständige Stadt" und unter anderem Sitz des neuen Landkreises Cuxhaven, der aus den ehemaligen Landkreisen Wesermünde und Land Hadeln gebildet wurde.

S. 9 oben und Mitte: Noch während des Ersten Weltkrieges wurde in Cuxhaven ein neues Rathaus gebaut und eingeweiht. 1931 erhielt das Rathaus einen Anbau. Nachdem die Stadt seit 1977 den Status einer „großen selbstständigen Stadt" besitzt, wurde erneut mehr Platzkapazität erforderlich 2006 stellte man dem Altbau einen großzügig gestalteten Neubau an die Seite. Rund 49.000 Einwohner, die sich auf einer Fläche von 178 Quadratkilometern verteilen, werden von hier aus verwaltet.

S. 9 unten: Durch die Verwaltungs- und Gebietsreform in Niedersachsen, die 1977 in Kraft trat, wurden die ehemaligen Landkreise Wesermünde und Hadeln zu einer Verwaltungseinheit zusammengeschlossen. Cuxhaven ist Kreissitz, der neue Großkreis Cuxhaven wird von hier aus verwaltet. Unser Bild zeigt das Verwaltungsgebäude des Landkreises am Bäderring.

Cuxhaven avanciert zum Seebad

Baden und Schwimmen war bei allen Völkern seit frühester Zeit üblich, schon in der Antike gab es eine ausgeprägte Badekultur. Über die Badestuben im Mittelalter, über Orte, die wegen ihrer Thermal- und Heilquellen schon seit langer Zeit aufgesucht wurden, findet man viele Berichte, kaum jedoch etwas über das Baden im Meer. Die ersten Seebadeanstalten entstanden in England im 18. Jahrhundert. Auf einer Reise hatte dort der Göttinger Physikprofessor Georg Christoph Lichtenberg, heute noch als literarischer Moralist und Verfasser von ironisch-geistvollen Aphorismen bekannt, das See-Baden kennen gelernt. Lichtenberg, seinerzeit einer der gebildetsten und klügsten Köpfe im Lande, stellte 1793 in dem Göttinger Taschenkalender die Frage: „Warum hat Deutschland noch kein großes öffentliches Seebad?“ Als geeigneten Platz dafür schlug er die Gegend um Cuxhaven vor.

Amandus Augustus Abendroth, von 1809 bis 1811 und von 1814 bis 1821 Amtmann in Ritzebüttel, las von dem wohltuenden und zudem gesellschaftsfähig gewordenen Vergnügen. Er griff die Idee auf, suchte und fand eine Reihe von Mitstreitern; bereits 1816 wurde das erste Badehaus in Cuxhaven fertig gestellt. Es stand dort, wo sich heute der Seepavillon befindet. Seine Besucher konnten nicht nur zwischen Schwefel-, Tropf-, Heiß- und Kaltbädern oder Güssen auswählen, ihnen standen zudem eine Reihe von Gesellschaftsräumen zur Verfügung, so ein Billard- und ein Rauchzimmer. In der Grimmershörnbucht hinter dem Deich, etwa ein Kilometer vom so genannten Warmbadehaus entfernt, befand sich das „Kalte Badehaus“. Es war das Gesellschaftshaus für die Kurgesellschaft, die das Baden im Meer bevorzugte. In der ersten Zeit standen sechs Badekarren dafür zur Verfügung. Kutscher lenkten die vierräderigen, von jeweils zwei Pferden gezogenen Wagen, in nicht allzu tiefes Wasser. Die Badegäste fanden Platz in einer Kabine, von der sie

Georg Christoph Lichtenberg, 1742 - 1799 (Hofrat).

über eine Trittleiter aus das feuchte Element aufsuchen konnten. An der Rückseite des Wagens befand sich eine Markise, die man bis auf das Wasser hinunterlassen konnte, um sich dann unbeobachtet in den Fluten zu tummeln. Nichtschwimmer hielten sich an einem vom Karren herabhängenden Strick fest. Badehosen, Hauben und Hemden konnte man ausleihen. Gebadet wurde übrigens streng nach Geschlechtern getrennt. Die Karren für die Damen nebst Töchtern bevorzugten die linke Seite der Grimmershörnbucht, die mit den Knaben und Herren nur die rechte. Ob damals schon einige auf Textiles verzichteten und splitternackt vom Karren in die Nordsee hüpften, ist leider nicht geklärt. Zu dieser Zeit gab es weder den Golf-, Tennis- oder Segelsport, verständlich, dass sich damals die feine Gesellschaft gern der aus England importierten „Bademode“ annahm. Das Seebad Cuxhaven erlebte einen steilen Aufstieg, die meisten Gäste kamen per Schiff aus Hamburg.

1823 wurde das erste Badehaus durch ein Feuer vernichtet, doch ein Neubau wurde nur wenige Monate später in Betrieb genommen. Im Februar 1825 fügte eine Sturmflut dem Neubau erheblichen Schaden zu. Erst nach 1830 konnte man dort wieder Kurgäste begrüßen. Diese kamen in immer größer werdender Zahl, so dass der Bau 1847 aufgestockt und um 16 Räume vergrößert wurde. 1859 übernahm ihn der Hotelier August Dölle. Als das Badehaus 1862 abermals ein Raub der Flammen wurde, ließ Dölle an dessen Stelle den ersten „Seepavillon“ errichten.

Das „Seebad Cuxhaven“ kam in den nächsten Jahrzehnten so richtig in Mode und konnte durchaus mit anderen bekannten Küstenbadeorten konkurrieren. Prächtige Hotelbauten entstanden in dieser Epoche,

das Hotel „Bellevue" im Winkel zwischen Deichstraße und Seedeich, später in „Cuxhavener Hof" umbenannt, das Hotel „König von England", an seiner Stelle steht heute das Hotel „Stadt Cuxhaven" und natürlich das Cuxhavener Grandhotel schlechthin, „Dölle's Hotel", 1876 wurde es eröffnet.

Große Seebäderschiffe wie die „Silvana", „Cobra", „Prinzessin Heinrich", „Kaiser", „Adler" oder „Königin Louise" legten in Cuxhaven an. Ihre Passagiere waren zumeist recht wohlhabend und ließen als Kurgäste hier die Kassen klingeln. Für die Unterhaltung der Fremden war bestens gesorgt, es gab Konzerte und Theateraufführungen, ein Kabarett und sogar eine Zeit lang ein Spielcasino. Die Seeterrassen Grimmershörn und die Seebadeanstalt Duhnen mit ihrer zweihundert Meter weit in die Nordsee reichenden Brücke, an deren Ende sich ein weiteres Restaurant namens „Seepavillon" hoch über dem Wasser befand, waren weitere Attraktionen. Auch Künstler fühlten sich vom aufblühenden Seebad zur Nordseeküste hingezogen. Bereits 1895 waren Schüler der Karlsruher Akademie der bildenden Künste mit ihrem Lehrer, Professor Carlos Grethe, nach Cuxhaven gekommen, um hier im Sommer Impressionen von der Küstenlandschaft auf Leinwand zu bannen. Im Laufe der Jahre entstanden in Altenwalde und Duhnen Malerkolonien, zu denen so bedeutende Künstler wie Karl Otto Matthaei, Hermann Daur, Karl Biese, Wilhelm Laage, Friedrich Kallmorgen, Gustav Schönleber oder Carl Langhein gehört haben. Einige Straßen in Duhnen sind später nach ihnen benannt worden.

Um die Jahrhundertwende veränderte sich die Gästestruktur. Die Damen und Herren der „feinen Gesellschaft" kamen weniger zahlreich, dafür um so mehr Besucher aus dem bürgerlichen Bereich. Cuxhaven und die beiden aufblühenden Kurteile Döse und Duhnen entwickel-

Oben: Die „Seeterrassen Grimmershörn" waren über Jahrzehnte eine der Hauptattraktionen des Kurbetriebs. Vor allem die regelmäßigen Konzerte der Kurkapelle lockten in den Sommermonaten stets hunderte von Besuchern an. Die Anlage musste 1970 Platz machen für den Bau der Fähranlage Cuxhaven – Brunsbüttel, die leider schon nach einigen Betriebsjahren wieder eingestellt wurde.

Unten: Das „Kalte Badehaus" (Blick vom Deich).

ten sich zu Familienbädern. In dieser „wilhelminischen" Periode wurden wichtige städtebauliche Impulse gesetzt. Die Spuren der Bautätigkeit sind auch heute noch im Stadtbild deutlich zu erkennen, die Fassaden von Industrie- und Wohnungsbauten jener „Gründerzeit" ähneln stilistisch oft zeitgleichen Bauten in Berlin oder Hamburg. Parallel mit dem Ausbau zur Marinegarnison, zum Fi-

schereihafen und Übersee-Terminal nahm auch die Zahl der Kurgäste weiter stetig zu, über 25.000 sollen es 1914 gewesen sein; Cuxhaven war damit endgültig zum größten Bad an der Nordseeküste geworden. Als im Sommer 1914 als Zeichen großen Fortschritts gar eine Straßenbahn für einige Wochen auf den Gleisen der „Kanonenbahn" vom Bahnhof durch die Stadt bis zur Station „Kugelbake" fuhr, konnte man in der Stadt auf eine weitere positive Zukunft hoffen. Doch dann brach der Erste Weltkrieg aus. Als dieser vorüber war, herrschten wie überall Inflation und Arbeitslosigkeit. Dennoch setzten die Cuxhavener weiter auf ihr Bad; als 1939 der Zweite Weltkrieg Krieg ausbrach, konnten sie schon auf jährlich über 48 000 Kurgäste stolz sein.

In den vergangenen sechs Jahrzehnten wurde in den Kurbetrieb viel Geld investiert, um die Position als die Nummer 1 an der deutschen Nordseeküste zu halten und auszubauen. Auch wenn sich durch politische Ereignisse und eine veränderte wirtschaftliche Situation Wandlungen im Tourismus vollzogen, kann man nur wünschen, dass das Nordseeheilbad Cuxhaven auch in Zukunft so beliebt bleibt wie seit der Gründung im Jahr 1816.

Oben: Grimmershörn, Spaziergang um 1910.

Mitte: Die „Neue Cuxhavener Seebadeanstalt" in der Grimmershörnbucht, 1882 als Damen- und Herrenbad errichtet, ist mehrfach umgebaut und erweitert worden.

Unten: Karrenbad in Döse.

Strand bei eintretender Flut.

Promenade beim Döser Karrenbad.

Häuserzeile am Seedeich um 1920.

Mit einem Fuhrpark von drei dieselelektrischen Triebwagen und zwei Beiwagen startete die Cuxhavener Straßenbahn in ihr kurzes Dasein. Sie benutzte die knapp fünf Kilometer langen Gleisanlagen der Marine, im Volksmund als „Kanonenbahn" bezeichnet. Diese verliefen vom Bahnhof quer durch die Stadt an der Grimmershörnbucht vorbei bis zur Kugelbake. Bereits am 2. August 1914 wurde der Betrieb kriegsbedingt eingestellt, der Wagenpark 1921 an die Moerser Kreisbahn verkauft.

Seite 15 unten links: 1876 eingeweiht und mit allem Komfort der Neuzeit versehen, 1913/15 erweitert, war Dölles Hotel über Jahrzehnte das „Grandhotel" Cuxhavens. Es beherbergte in seiner Geschichte zahlreiche Prominente aus allen Bereichen. Um die im Kellergeschoss liegende Weinstube „Blauer Affe" und die „Patio-Bar" ranken sich unzählige Geschichten aus dem gesellschaftlichen Leben Cuxhavens. Die Schließung von „Dölle", die Versteigerung des Inventars 1965 und der Abriss 1967 sind ein unrühmliches Kapitel der Stadtgeschichte. Heute dient das Gelände der Firma Karstadt als Parkplatz.

Seite 14 oben: Strandleben um die Jahrhundertwende

Seite 14 unten: 1882 ließ die der Stadt Hamburg gehörende „Cuxhavener Seebade A. G." die ersten Badeanlagen in der Grimmershörnbucht errichten, jeweils ein Herren- und Damenbad. Die Gemeinde Cuxhaven übernahm die Anlagen 1899 und baute sie in den Folgejahren weiter aus. Ein paar Meter weiter ließ die Marine die 1898 fertig gestellte Militärbadeanstalt bauen.

Dölles Hotel

Deichpartie am Seedeich.

Das Schloss Ritzebüttel

Die Urzelle von „Schloss Ritzebüttel“ war die von den Rittern von der Lappe um 1340 errichtete „Steenborg“. Forscher nehmen an, dass es sich hier um ein Gebäude in zweigeschossiger Bauweise handelte, mit einem Grundriss von ca.10 x 16 m, versehen mit Holzbalkendecken und ummantelt mit Mauern, die knapp 1,5 m Wandstärke maßen. Die Burg der Lappes, fortan als „Slot“ oder Schloss bezeichnet, wurde ab 1394 Amtssitz eines jeweils auf die Dauc von sechs Jahren bestimmten Amtmanns, der von dort die Exklave, das „Hamburgische Ampt Ritzebüttel“ verwaltete und regierte. Zur Absicherung des Gebietes an der Elbmündung nahm Hamburg viel Geld in die Hand. Die „Steenburg“ brachte man auf den neuesten Stand der Wehrarchitektur. Ihren Grundriß erweiterte man auf 13 x19 m und erhöhte sie um mindestens drei Stockwerke. Alte Urkunden belegen die Lieferung von 351.000 Ziegelsteinen und 56.750 Dachpfannen durch das Hamburger Ziegelhaus. Die Wälle wurden erhöht, die Burggräben vertieft und die Bewaffnung verstärkt. Laut einer Inventurliste von 1620 waren 46 Geschütze auf den Wällen postiert. Feldschlangen aus Bronze, Steinstücke, auf dem „Busenhuse“, einem Vorwerk, befand sich eine

Der spätmittelalterliche Bau, erst später als „Schloss“ benannt, war von 1394 bis 1937 Sitz der vom Hamburger Senat an die Elbmündung abgeordneten Amtmänner. Von hier aus regierten diese über einen Zeitraum von weit über fünfhundert Jahren die Hamburger Exklave, die man als „Amt Ritzebüttel“ bezeichnete.

größere Anzahl von Hakenbüchsen, Musketen größeren Kalibers, eine beträchtliche Anzahl von langen Spießen, Pieken, Schlachtschwertern, Hellebarden und sonstige Hieb- und Stichwaffen. In der Pulverkammer lagerte eine größere Menge an Schwarzpulver und die Lebensmittel sollten auch für eine längere Belagerung ausreichen. Zu militärischen Auseinandersetzungen ist es zum Glück nicht gekommen, zwar plünderten während des 30jährigen Krieges einmal Truppen der Grafen Tilly und Pappenheim das Amt (Januar 1628), nahmen Geiseln, doch nach Zahlung eines hohen Lösegelds zogen sie ab und belagerten das schwer befestigte Stade und nahmen die Stadt Mitte Mai ein.

Das Schloss Ritzebüttel besitzt eine ganze Reihe von Räumen. Der mittelalterliche Saal wird für Feste und Veranstaltungen genutzt. Im Parterre des Anbaus befinden sich das Trauzimmer des Standesamts sowie ein Garderobenraum. Im zweite Stock waren die Wohn- und Diensträume für den auf dem Schloss residierenden Amtmann (Foto oben) sowie ein weiterer Saal, der sowohl für Sitzungen als auch für Feste genutzt wurde. In späterer Zeit teilten sich der Hamburger Amtsverwalter und der Amtsrichter dieses Stockwerk. Im dritten Stock birgt die Vorhauseite drei hübsche Wohnräume, der Turmbau einen Ausstellungsraum (Foto unten), der Künstlern zur Verfügung gestellt wird.

Links: Zum Schloss gehören noch eine Reihe von Nebengebäuden: Die ehemalige Schlosswache, ein zweigeschossiger Fachwerkbau, das gegenüberliegende Torhaus und der Marsstall. Bereits wieder in ihren unrsprünglichen Zustand versetzt worden sind das sogenannte „Schweizerhaus“, ein Pavillon am Ufer des Schlossgrabens und das Gärtnerhaus.

Das Gärtnerhaus, rechts im Hintergrund die alte Wache.

Das ehemalige Kartasteramt beherbergt heute den Verein „Künstlerhaus im Schlossgarten".

Marstall ist eine alte Bezeichnung für Stallungen, in denen Pferde und Fuhrpark von höher gestellten Personen untergebracht waren.

Cuxhavens Kirchen

Die Geschichte der Christianisierung des Elbe-Weser-Raumes läßt sich bis in das 8. Jahrhundert zurückverfolgen. Kleine Holzkirchen und Kapellen sind in den folgenden Jahrhunderten hier gebaut worden. Die ältesten heute noch existierenden romanischen Feldsteinkirchen in Cuxhaven und Umgebung stammen aus dem 12. und 13. Jahrhundert. Sie alle sind im Laufe der Zeit renoviert, restauriert und umgebaut worden. Diese Kirchen werden auch manchmal als Bauerndome bezeichnet, weil ihr Inventar früher meist von sehr wohlhabenden Bauern gestiftet worden ist. Die häufig innen oder außen an den Kirchenmauern angebrachten Portraitgrabsteine findet man woanders kaum. Dies gilt auch für eine Reihe von prachtvollen Orgeln großer Orgelbaumeister aus der Zeit Bachs und Telemanns.

Zu den ältesten Gotteshäusern der Stadt rechnet man die um 1200 errichtete Feldsteinkirche in Groden (St. Abundus). Bis zum Bau der Martinskirche (1816-1819) gehörte Ritzebüttel zur Pfarrgemeinde Groden.

Oben: Die 1900 eingeweihte Herz-Jesu-Kirche am Strichweg wurde für katholische Angehörige der Marine-Garnison gebaut.

Unten: Die St. Gertrudkirche in Doese. Anders als die reichen Hadeler Bauernkirchen war die Döser Kirche eine Kirche der „kleinen Leute". Entsprechend sah sie bisweilen aus. Im Jahr 1832 wird über die Kirche geschrieben, dass sie sich „für den Fremden fast abschreckend ausnimmt. Nirgends (als hier) sahen wir auch die kleinste Kapelle, wo der Eingang durch Sand geht und der Boden des Gotteshauses weder gepflastert noch gediehlt ist. Altar und Kanzeldecke bestehen fast nur aus Lumpen." Die Kirche ist umgeben von einem Friedhof, dessen besonders schöne Grabsteine die Namen Döser und Duhner, aber auch Neuwerker Familien tragen. Auch der bekannte Cuxhavener Archäologe Karl Waller liegt hier begraben. Der heutige Kirchturm wurde 1965 erbaut. Die sechs Glocken des Turmes bilden das wohl schönste Geläut Cuxhavens.

Auf Initiative von Amtmann Amandus Abendroth wurde in den Jahren 1816-1819 die Martinskirche in unmittelbarer Nähe zum Schloss errichtet. Der im klassizistischen Stil gehaltene Backsteinbau erhielt erst mit der Fertigstellung des Turms 1885 sein heutiges Aussehen.

Blick in den Innenraum der Martinskirche.

Die Petri Kirche

1911 wurde die Petri-Kirche an der Hermann-Allmers-Straße eingeweiht, sie war seinerzeit für die Protestanten, die hier bei der Kaiserlichen Marine dienten, errichtet worden.

Hafen am Tor zur Welt

Als sich die Hamburger 1393 der Burg der Ritter von Lappe bemächtigten, der Hafen der Insel Neuwerk der einzige Stapel- und Anlegeplatz im Bereich der Elbmündung, wo seegehende Schiffe der Hansestadt ankern oder anlegen konnten. Ein Hafen am Ritzebütteler Priel ist auf der Elbkarte des Melchior Lorichs von 1568 noch nicht verzeichnet, erst auf einer Karte aus dem Jahr 1594 findet sich die Bezeichnung „Kuxhaven". Eine erste Nachricht von Überlegungen in Ritzebüttel einen Hafen anzulegen, stammt aus dem Jahr 1615. Drei Jahre später sollten die Arbeiten an dem neuen Seedeich, der noch vor dem so genannten Neuen Feld lag, beendet werden. Die Deichlinie verlief jetzt vom Altenbrucher Hafen bis nach Steinmarne und fand dort Anschluss an den Döser Seedeich. Durch die Eindeichung waren dem Meer ungefähr zweihundert Hektar fruchtbares Acker- und Weideland abgerungen worden. Auf einer Karte mit der Bezeichnung *„perfecte Delineation des Neuen Eingedeichten Landes, so in der Herligkeit Ritzebüttel in dem Jahre 1618 vermittelst Gottes des Allmächtigen gnädiger Hülffe ist eingedeicht..."* ist erstmals ein Hafen eingezeichnet. Er liegt direkt an der Prielmündung in einer rechteckigen Einbuchtung des neuen Seedeiches und ist auf der Karte mit „Der Cux Haven" beschriftet.

1618 beschloss die Hamburger Bürgerschaft: *„...in diesem angehenden Sommer zu Ritzebüttel einen Schiffshaven, darin Schiffsfahrende bei winterlicher Zeit ihre Schiffe und eingeladene Güter sicherlich legen zu können, anzurichten, auch zu dem Behuf das Vorland oder Butendeich fassen zu lassen"*. Doch es sollte noch eine Weile dauern, bis die Hamburger Hafenpläne realisiert werden konnten. Dennoch gab es seit 1623 den Posten eines „Hafen-

Der Alte Hafen wurde lange Zeit vor allem als Not- und Winterhafen genutzt. Dieses Bild machte der Cuxhavener Fotograf Charles Angelbeck um das Jahr 1878.

An der Ostseite des Alten Hafens errichtete man 1890 einen Hafenbahnhof. Er diente ursprünglich der Abfertigung der Übersee-Passagiere, die von dort aus mit kleinen Schiffen zu den auf der Cuxhavener Reede liegenden Schnelldampfern transportiert wurden. Bis 1935 nutzte man den Hafenbahnhof als Zubringer zu den Seebäderschiffen, dann wurde die Halle zu einer Heringssalzerei und einem Fasslager umfunktioniert, ab 1958 befanden sich hier die Büroräume der Fähr- und Schifffahrtsgesellschaft Cuxhaven. 1971 wurde die Anlage abgebrochen.

Die Strecke der Nieder- oder Unterelbebahn, wie sie früher genannt wurde, verbindet Hamburg-Harburg mit Cuxhaven. Die 103,6 km lange Bahnlinie verläuft in nordwestlicher Richtung parallel zur Unterelbe auf Hamburger und niedersächsischem Gebiet. Ab 1882 verkehrten durchgehende Züge vom damaligen Venloer Bahnhof in Hamburg bis Cuxhaven. Der Regional-Express der DB wurde Ende 2007 durch Züge der METRONOM ersetzt. Dann erfolgte erneut ein Wechsel, die DB-eigene Gesellschaft „START Unterelbe" übernahm von der Metronom die Züge sowie technische Einrichtungen und bedient seitdem die Bahnlinie.

meisters und Aufsehers der Kuckshafen wie auch der Schleusen und des Haubts daselbst zu Ritzebüttel". Die Arbeiten am Hafen gestalteten sich äußerst schwierig, Strömung und Verschlickung bereiteten große Probleme. Es gibt aber aus dieser Zeit keinerlei detaillierte Pläne von dem Hafen, nur einige Passagen aus der Deichordnung und Anweisungen aus dem Konvent des Rates, die den Hafen betrafen. So gibt es aus dem Jahr 1641 einen Antrag, den Ritzebütteler Hafen zu erweitern und die dafür notwendigen Materialien heranzuschaffen. Doch die neue Deichlinie konnte nicht gehalten werden, Stromveränderungen und Sturmfluten führten 1653 zum vollständigen Verlust des erst 1618 eingedeichten Gebietes und somit des ersten „Kuxhavens".

Die Funktion eines Hafens für das Amt Ritzebüttel kam nun wieder für längere Zeit dem Altenbrucher Hafen zu, der 1631 am Altenbrucher Tief ausgebaut worden war. Fracht und Passagiere mussten dann allerdings mit Pferdewagen weiter transportiert werden.

Doch Ritzebüttel respektive Cuxhaven, die kleine Fischersiedlung, brauchte nicht lange auf einen ei-

Der alte Fischereihafen. Nach dem Schleusenpriel ist dies der älteste Teil des Cuxhavener Hafengebietes-. Die Krabbenkutter der Cuxhavener Flotte löschen hier ihren Fang. Der Hafen hat keine Schleuse und ist deshalb tideabhängig. Auf der Kaifläche direkt neben den Kuttern findet regelmäßig der Cuxhavener „Fischmarkt" statt. Ein Bummel entlang des Alten und Neuen Fischereihafens lohnt sich immer. In den zahlreichen Betriebe in der Neufelder – und der Präsident-Herwig-Straße gibt es frischen Fisch aus allen Herren Meere. Doch das meiste kommt aus Nordsee und Atlantik. Cuxhaven ist immer noch ein bedeutender Fischverarbeitungsplatz an der Küste. Eine Vielzahl von in – und ausländischen Fischtrawlern bringt ihren Fang nach Cuxhaven. Hauptsächlich Rotbarsch, Kabeljau, Seelachs und Schellfisch, aber auch Seezunge und Scholle werden hier angelandet. Der Alte Fischereihafen im Herzen der Stadt Cuxhaven wird sich in Zukunft touristisch genutzt werden. Von dem neuen Havenhostel mit seiner spektakulären Dachterrasse läßt sich ganz Cuxhaven überblicken.

genen neuen Hafen zu warten. Die Auswirkungen der schweren Sturmflut von 1717 veranlassten kurz darauf den Hamburger Senat, zum Schutz der Uferwerke und der im Außendeichsgelände befindlichen Seezeichen die „Ritzebütteler Stackdeputation" einzurichten. Aus ihr ging später die Hafen- und Wasserbauverwaltung hervor.

Durch umfangreiche Stackbauten, Steinschüttungen, dem Bau von Uferbollwerken und neuen Deichen gelang es im 18. Jahrhundert, den Kräften des Wassers Einhalt zu gebieten. Für den Cuxhavener Schleusenpriel, schon früher als Not- und Winterhafen von kleineren Schiffen genutzt, wurde eine Entwässerungsschleuse gebaut. Sie sollte das Eindringen des Wassers ins Binnenland bei höher auflaufenden Fluten verhindern und bei Niedrigwasser die umliegenden Marschgebiete entwässern. Durch den Wasserstrom aus den Schleusentoren konnte eine Rinne zur Elbe hin von Verschlickung freigehalten werden. Damit war eine wichtige Voraussetzung für kommende Hafenaktivitäten geschaffen. Im 19.Jahrhundert hatten Hamburgs Handel und vor allem seine Schifffahrt einen kräftigen Aufschwung genommen. In den Jahren vor dem Beginn der „Franzosenzeit", also der Besetzung Hamburgs und auch des Amtes Ritzebüttel durch Truppen Napoleons, investierte die Hansestadt erhebliche Summen in den Ausbau des Cuxhavener Hafens am Schleusenpriel. So wurde unter anderem der Cuxhavener Leuchtturm 1802/1804 errichtet, bezahlt aus der Senatskasse. Nach dem Ende der Napoleonischen Ära kam die wirtschaftliche Entwicklung nur schwer wieder in Gang. Kriegslasten, hohe Steuern, die von

Die alten Werftgelände am Schleusenpriel sind in den vergangenen Jahren in attraktive Wohnanlagen verwandelt worden.

den Franzosen verhängte „Kontinentalsperre“ und die Gegenblockade auf der Elbe durch die englische Marine hatten das Wirtschaftsleben schwer beeinträchtigt. Erst im Lauf des nächsten Jahrhunderts sollte sich der Hafen dann beträchtlich entwickeln. Leider hatte die Vertiefung der Elbe (1854 auf 6,70 Meter) schon damals für den Hamburger Senat größere Wichtigkeit, als in seiner Exklave den Hafen auszubauen. Es sollten noch viele Pläne entworfen und Kostenvoranschläge eingereicht werden, bis Hamburg sich 1860 entschloss, Gelder für den Ausbau und die Vertiefung des Hafenbeckens zur Verfügung zu stellen. Nach Beendigung der Arbeiten 1869 konnten Schiffe bis 5,4 Meter Tiefgang den Hafen anlaufen. Doch das Vorhaben, hier nach englischem Vorbild einen großen, durch Schleusen gesicherten, tideunabhängigen Seehafen zu bauen, wurde nicht verwirklicht.

Doch der von der Cuxhavener Bevölkerung so lang erhoffte Aufschwung sollte trotzdem kommen. Wesentlich trug der Ausbau der Hochseefischerei dazu bei. Lange Zeit war Cuxhaven nur Nothafen für die Ewer- und Kutterflotte der Blankeneser und Finkenwerder Fischer. Die ersten, um 1885 mit Dampfmaschinen ausgerüsteten Schiffe der Hochseefischerei, konnten ihre Fanggebiete erheblich ausdehnen und landeten immer größere Mengen Fisch in Cuxhaven an. Der Fischhandelsplatz Cuxhaven expandierte, neue Lagerhallen entstanden und die Inbetriebnahme der Strecke Harburg-Stade-Cuxhaven durch die Unterelbische Eisenbahngesellschaft 1881 und die Fertigstellung der Eisenbahn-Verbindung nach Geestemünde (Bremerhaven) 1896 sorgten für weitere wirtschaftliche Impulse.

1890 begann man mit den Bauarbeiten für den von Hamburg finanzierten „Neuen Hafen“ und mit dem Bau eines Fischereihafens. Ein Jahr später wurden auch die Hafenköpfe der neuen Pieranlagen für den Überseeverkehr fertig gestellt. Eine neue Seebäderbrücke für den Schiffsverkehr Hamburg–Cuxhaven–Helgoland konnte ebenfalls ihren Betrieb aufnehmen. Die Hafenanlagen für die Kaiserliche Marine wurden ausgebaut; 1905 stellte sie die ersten sechs Torpedoboote in Cuxhaven in Dienst.

In der Zeit zwischen den beiden Weltkriegen baute man den Fischereihafen weiter aus. Nach dem Krieg sorgten erst die Hochseefischerei, später die Bundesmarine noch einmal für eine kräftige Konjunktur im Hafen. 1965 wurde die Seeschleuse eingeweiht, die den Neuen Fischereihafen tideunabhängig machte. Doch die Fischanlandungen sollten bald drastisch zurückgehen und als 1969 die letzten schwimmenden Marineeinheiten den Hafen verließen, musste die Stadt sich etwas einfallen lassen. Weg vom monostrukturierten Hafen, der fast ausschließlich vom Fischfang abhing und hin zum Vielzweckhafen hieß nun die Devise. Die Voraussetzungen dafür waren gegeben. Nicht weit entfernt vom Nord-Ostsee-Kanal, direkt gelegen an einem der meist befahrenen Weltschifffahrtswege, besitzt Cuxhaven die idealen Voraussetzungen, um eine „Wayport-Funktion" für den Seeverkehr zu den Nordsee-Anrainern und den Ostseeländern auszuüben. Ein für seine Zeit hochmodernes Ro-Ro-Terminal wurde 1978 fertig gestellt und stieß durch den hohen Güterumschlag schon bald an seine Kapazitätsgrenzen.

Die letzten Hamburger Hafenrechte waren 1993 durch einen Staatsvertrag an das Land Niedersachsen übergegangen und man konnte nun im Bereich des Amerikahafens mit dem Bau einer neuen Hafenanlage, dem „EuropaKai" beginnen. Weitgehend finanziert durch das Land Niedersachsen, entstand ein Pier mit Liegeplätzen für bis zu drei Seeschiffe von maximal 350 Meter Länge. Die Wassertiefe dort beträgt maximal 15,80 Meter. Hinzu kamen zwei weitere kleinere Liegeplätze an einer Binnenkaje, dem Humberkai. Der Autobahnzubringer und die DB-Gleise führen unmittelbar zu den Lagerflächen, Hallen und Kaianlagen. Der Umladebahnhof sowie die Bahnrampe des Hallenkomplexes sind jeweils mit einer 2500 Quadratmeter großen Überdachung versehen. Zwei große zweispurige Ro-Ro-Brücken mit 200 Tonnen Tragfähigkeit und riesige Kräne, über 380000 Quadratmeter Stellflächen und Freilagerplätze vervollständigten die insgesamt 43 Hektar umfassende Umschlaganlage. Wie die Entwicklung der letzten Jahre zeigt, war es eine richtige, zukunftsorientierte Investition.

In der Stadt ist die „Bundespolizeiinspektion See" stationiert. Sie hat diverse hoheitsrechtliche und polizeiliche Aufgaben im Hafen und auf See. Hier liegt die in Cuxhaven stationierte BP83 Bad Düben, ein Schiff der 2019 in Dienst gestellten Potsdam-Klasse.

Die Containerschiffe werden immer größer, besitzen immer mehr Tiefgang und können immer mehr der großen Kisten auf Deck und in ihren Rümpfen stapeln. Auf eine Ladekapazität von über 20000 Containern bringen es die Mega-Carrier der neuesten Generation. Diese Schiffe sind über 400 Meter lang und über 50 Meter breit.

Auf dem Gelände, wo früher die Mützelfeldtwerft stand, errichtete man in den 80er Jahren die MARINA CUX. Die Häuser besitzen zusätzlich zum Straßenanschluss auch Bootsliegeplätze an Schwimmstegen. Neben dem großen Yachthafen in der Grimmershörnbucht ist diese innerstädtische Hafenanlage eine zusätzliche Möglichkeit für Sportschiffer, mitten in der Stadt anzulegen. Das Hafenmeisterbüro im Bistro „WAL" befindet sich am Ende des Hafenbeckens. Der Ausbau von bisher brachliegenden Flächen am Schleusenpril mit einer attraktiven Wohnbebauung ist abgeschlossen.

Die Netzhalle wurde 1920 von der Cuxhavener Hochseefischerei AG erbaut. In der Netzhalle wurden die Fangnetze der Fischdampfer instandgesetzt. Zur Zeit steht die denkmalgeschützte alte Netzhalle leider leer. Das Gebäude neben der Halle diente der Cuxhavener Hochseefischerei AG als Kontorhaus.

Oben: Seit einigen Jahren gehören die Katamarane zum vertrauten Bild auf der Elbe und im Hafen. In einer guten Stunde bringt so ein Doppelrumpfschiff seine Fahrgäste auf die rund 65 Kilometer nordwestlich von Cuxhaven liegende Insel Helgoland; wohlgemerkt auf die Insel, denn die Katamarane legen dort direkt im Hafen an, das Ein- und Ausbooten entfällt.

Mitte: Die neue „Helgoland" der Cuxhavener Reederei Cassen Eils ist wohl das schönste und modernste Seebäderschiff an der deutschen Nordseeküste. Die Form des Schiffes ist zwar klassisch. Aber innen ist es eine Luxus-Fähre: acht Salons, helles Atrium über drei Decks, drei Sonnenoberdecks, Lounge, Bar, Restaurant und spezielle Stabilisatoren gegen Seekrankheit. Es ist mit einem modernen, umweltschonenden LNG-Antrieb ausgerüstet, eine umweltfreundliche Alternative zum konventionellen Schiffsdiesel.

Unten: In Cuxhaven ist das Mehrzweckschiff „Neuwerk" des Wasser- und Schifffahrtsamtes beheimatet. Doch meist ist die „Neuwerk" auf hoher See, um seine vielfältigen Aufgaben wahrzunehmen. Denn das Schiff ist ein wahrer Alleskönner. Es kann als Tonnenleger, Feuerlöscher, Schlepper und Eisbrecher eingesetzt werden oder ausgelaufenes Öl aufsaugen, für alle diese Funktionen ist das 78 Meter lange und 18 Meter breite Schiff ausgerüstet. Dazu kommt noch die Aufgabe als Küstenwache.

Maritimes Sicherheitszentrum

Der fast 2000 Quadratmeter große, architektonisch gelungene Neubau schuf endlich Platz für das gemeinsame Lagezentrum, das bereits seit 2007 im Einsatz ist. Das Maritime Sicherheitszentrum ist ein Kommunikations- und Kooperationsnetzwerk der operativen Kräfte des Bundes und der Küstenländer für maritime Sicherheit .In einem Gemeinsamen Lagezentrum See (GLZ-See) werden die verschiedenen fachlichen Kompetenzen gebündelt.Im Interesse der nationalen und internationalen Schifffahrt sowie der Sicherheit vor der deutschen Küste werden Informationen ausgetauscht und auf der Basis gemeinsamer Lageerkenntnisse Einsätze optimal koordiniert. Im Maritimen Sicherheitszentrum arbeiten das Havariekommando, die gemeinsame Leitstelle der Wasserschutzpolizei der fünf Küstenländer, der Koordinierungsverbund Küstenwache mit Bundespolizei, Wasser- und Schifffahrtsverwaltung, Zoll und Fischereischutz sowie eine Verbindungsstelle der Marine zusammen.

Die erste Brücke, die über den Alten Hafen führte, war eine eiserne Drehkonstruktion, die 1903 gebaut wurde und 1954 abgerissen wurde. Man ersetzte sie 1955 durch eine moderne Klappbrücke, die innerhalb von einer knappen Minute geöffnet bzw. geschlossen werden konnte. Alle Schiffe die bis zum Umzug der Werft in den Amerikahafen bei Mützelfeldt gebaut oder repariert wurden, mussten dieses „Nadelöhr" passieren. In den zurückliegenden sechs Jahrzehnten hat sie durchschnittlich 3.700 mal pro Jahr ihre Funktion erfüllt. Im Herbst 2014 war sie dringend reparaturbedürftig geworden und wurdef ür den Verkehr gesperrt. Fundamente, Technik und die Stahlelemente mussten erneuert werden. In der großen Schiffbauhalle von Mützelfeldt wurden die Brückenteile überholt, zum Teil ausgetauscht und zum Schluss sandgestrahlt und mit neuem Korrosionsschutz versehen. Seit Anfang Juli 2015 ist die Brücke wieder in Betrieb.

Das 2017 fertiggestellte Maritime Sicherheitszentrum an der Klappbrücke.

Wirtschaft und Kultur

Die Stadt lebt nicht nur vom Tourismus. Zahlreiche Firmen bieten reichlich Arbeitsplätze und bringen dem Stadtsäckel gute Einnahmen aus der Gewerbesteuer.

An dieser Stelle soll keine Auflistung aller in Cuxhaven aktiven Betriebe erfolgen, nur cinc kleine Anzahl davon soll zeigen, wie lebendig und vielseitig das Wirtschaftsleben in der Stadt ist. Es gibt zahlreiche Entwicklungen und Tendenzen, die positive Möglichkeiten für die Zukunft aufzeigen. Die Hafenentwicklung, der Bau neuer Liegeplätze und Schwerlastplattformen sowie die Ansiedlung von im Offshorebereich tätiger Firmen sind wohl die wichtigsten. Die geographische Lage der Stadt an Nordsee und Elbe, die ausgedehnten Grün- und Waldflächen, das Weltnaturerbe Wattenmeer vor der Haustür und die relativ günstigen Preise für Immobilien und Wohneigentum veranlassen zunehmend immer mehr Menschen, ihr Leben in der mit Feinstaub und Rußpartikeln angefüllten Luft der Ballungsgebiete und Metropolregionen aufzugeben und an die Nordseeküste zu ziehen. Die günstigen Bahnverbindungen in Richtung Hamburg und Bremen und die Autobahn direkt vor der Haustür spielen bei diesen Entscheidungen sicher auch eine Rolle – und das kulturelle Leben ist in Relation zur Einwohnerzahl erstaunlich vielseitig und breit gefächert.

Mit diesem Buch versuchen Fotografen und Autor, ein möglichst breites Spektrum von der Stadt an der Elbmündung aufzuzeigen. Doch kulturelles Leben ist nicht so einfach mit der Kamera abzulichten und zu beschreiben. Unter dem Aspekt, dass es sich bei Cuxhaven um eine Stadt mit knapp 50.000 Einwohnern handelt, die nur ein sehr kleines, zudem nur dünnbesiedeltes Umland besitzt, ist es umso erstaunlicher, wie vielfältig sich hier kulturelle Aktivität entwickelt. Es gibt ein Stadttheater, die niederdeutsche „Döser Speeldeel“, eine hervorragende Stadtbibliothek, ein Stadtarchiv, den Konzertverein, die Konzerte in der Petri-Kirche, Kunst Ausstellungen und Konzerte im Kreishaus, das Ringelnatz-Museum, das Museum „Windstärke 10“, die Ausstellung in den HAPAG-Hallen, sogar ein Pinguin-Museum, das Künstlerhaus Cuxhaven, den Kunstverein Cuxhaven, die Ernst-Gock-Gesellschaft, einige Galerien, den Schloss-Verein, den Verein „Jazz & Folk“, „Captain Ahab`s Culture Club“, den „Shanty-Chor Cuxhaven“ sowie den Seemanns-Chor „Elbe 1“ und für etwas leichtere Unterhaltung und Entspannung einige Szene-Kneipen mit Live-Musik.

Auch auf seine zahlreichen Schulen kann die die Stadt stolz sein. Zwei Gymnasien, eine große Berufsschule, zwei Realschulen und ein knappes Dutzend Grund – und Hauptschulen befördern die Bildung. Zudem gibt es noch eine Walldorfschule und die weithin bekannte Staatliche Seefahrtsschule Cuxhaven.

Die PNE WIND AG wurde 1994gegründet und hat seitdem ihren Sitz in Cuxhaven. Die Unternehmensgruppe mit rund 400 Mitarbeitern plant und realisiert Windpark-Projekte an Land (onshore) sowie auf hoher See (offshore). Dabei liegt die Kernkompetenz in der Entwicklung, Projektierung, Realisierung und Finanzierung von Windparks sowie deren Betrieb bzw. Verkauf mit anschließendem Service. Bisher hat die PNE WIND-Gruppe national und international mehr als 200 Windparks mit einer Gesamtnennleistung von rund 2.250 Megawatt erfolgreich projektiert.

Deutsches Offshore-Industrie-Zentrum Cuxhaven

Bereits 1994, hatte Cuxhaven starke Partner in der Stadt und Region die faktisch die Energiewende einläuteten. Mutig vorausschauend, wurde der Grundstein für die On- wie auch Offshore-Industrie gelegt. Dies war die Initialzündung für den weiteren Ausbau und Verlauf der Windenergie-Technik und -Services in Cuxhaven.

2006 wurden mit der Gründung des DEUTSCHEN-OFFSHORE-INDUSTRIE-ZENTRUMS Cuxhaven die entsprechenden Voraussetzungen geschaffen, die für die Infrastruktur dieses neuen Industriezweiges notwendig waren. Ein Masterplan Cuxhavens bildetet hierfür den Rahmen. Gemeinsam mit der EU, dem Land Niedersachsen, NPorts of Niedersachsen und der Cuxhavener Hafen Entwicklungsgesellschaft wurden seit 2006 über 250 Mio. investiert, um hier einen leistungsfähigen Hafen-Standort und ein bedeutsames Kompetenz-Zentrum für die Offshore-Windenergie zu schaffen. Als es der Stadt Cuxhaven und der Cuxhavener Agentur für Wirtschaftsförderung gelang, die Siemens AG zu überzeugen, dass Cuxhaven der ideale Standort für ein neues Werk der SIEMENS GAMESA RENEWABLE ENERGY sei, konnte man dies als Riesenerfolg und Lohn der jahrelangen Arbeit verbuchen. Mit der Einweihung des Siemens-Werkes im Juni 2018 ist Cuxhaven eine Produktionsstätte entstanden, die weltweit einen Spitzenplatz in dieser Technologie einnimmt und einen großen Beitrag dazu geleistet hat, die bereits rund 83 Gigawatt Windenergieleistung in über 90 Ländern verfügbar zu haben.

Durch die Ansiedlung von Siemens Gamesa im heutigen DOIZ und Schaffung der richtigen Hafeninfrastruktur, hat sich der Standort aus seinem Dornröschenschlaf wachküssen lassen und zählt mit vielen internationalen namhaften Partnern zur Spitze in diesem Segment.

Seit 1981 versorgt VOCO Zahnärzte in aller Welt mit hochwertigen Dentalmaterialien und zählt heute zu den international führenden Herstellern in der Branche. Mit einem Sortiment von mehr als 100 Produkten bietet VOCO Zahnarztpraxen und Dentallaboren in über 100 Ländern Arzneimittel und Medizinprodukte „Made in Germany“ für die präventive, restaurative und prothetische Zahnheilkunde an. Mit Prophylaxe-Präparaten, Füllungsmaterialien verschiedener Materialklassen, Fissurenversiegelern, Stumpfaufbau- sowie Kronen- und Brückenmaterialien nimmt VOCO in zahlreichen Ländern eine exponierte Marktstellung ein.

Fertigstellung und Zwischenlagerung von Fundamenten der Offshore-Windenergie am Liegeplatz 9.

Der Windmühlen-Produzent „Titan Wind Energy“, die europäische Tochtergesellschaft eines chinesischen Konzerns, hat die Werke des Turmherstellers Ambau und CSC übernommen.

Mit der Einweihung des Dalbenliegeplatzes „Brücke 3“ 2015 wurde die Kapazität für den Automobilumschlag in Cuxhaven erheblich gesteigert und die Position Cuxhavens als einer der führenden Umschlaghäfen auf diesem Sektor weiter gestärkt. Niedersachsen Ports hat rund drei Millionen Euro aus Landesmitteln und Mitteln des Europäischen Fonds für regionale Entwicklung in den neuen Dalbenliegeplatz investiert. Er ist für Schiffe bis ca. 160 Meter Länge und 25 Meter Breite ausgelegt. Es besteht aus fünf Pollerblöcken und einer 155 Meter langen Steganlage. Für den Umschlag von Fahrzeugen über die Heckklappe von Schiffen ist eine Anbindung an die vorhandene Brücke 3 errichtet worden. Zum Be- und Entladen der Schiffe wurde eine Auflagemöglichkeit für eine Quarter-Rampe gebaut, eine auf 24 Stahlpfählen aufgeständerte Zufahrtsplatte aus Stahlbeton. Insgesamt wurden rund 600 Tonnen Stahlpfähle mit unterschiedlichen Dimensionen, ca. 1.500 Kubikmeter Beton mit ca. 120 Tonnen Bewehrungsstahl eingebaut. Der Anlass für den Ausbau war, dass Ausmaße, Zustand und Wassertiefe der bisher vorhandenen Anlage keine Abfertigung von größeren Schiffen zuließen.

Links: Mit dem Bau der Seeschleuse und der Erweiterung des Neuen Fischereihafens zu Beginn der 60er Jahre verfügte Cuxhaven nun über ein großes, tidenunabhängiges Hafenbecken. Es ist immer wieder faszinierend zuzuschauen, wenn ein in der Schleusenkammer befindliches Schiff durch ein- oder ausströmendes Wasser in Minutenschnelle um bis zu drei Meter angehoben oder abgesenkt wird.

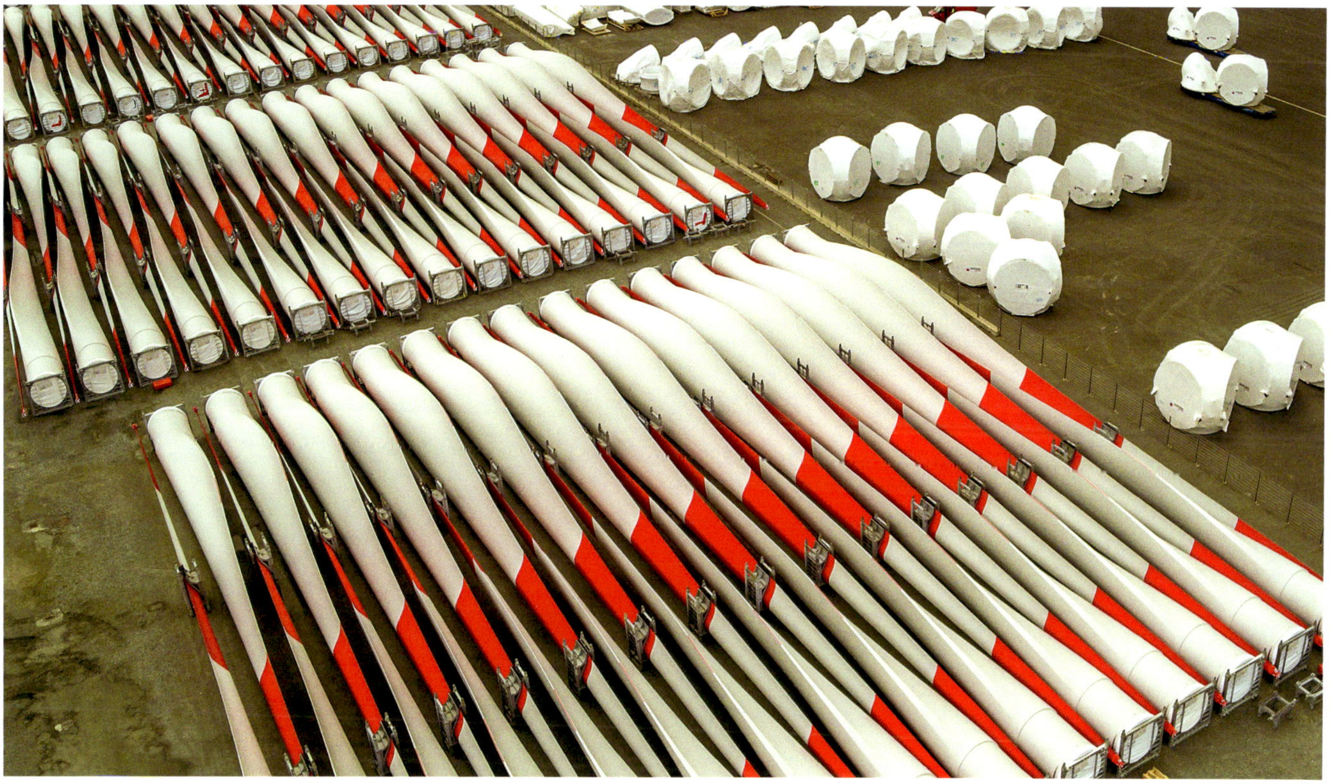

Oben: Verladung der ersten von 80 durch Siemens Gamesa gelieferten Turbinen der 8-MW-Klasse für das größte Offshore-Windprojekt der Asien-Pazifik Region. Das Yunlin-Projekt wird acht Kilometer vor der Westküste Taiwans errichtet.

Unten: Rotorblätter werden auf dem Weg vom skandinavischen Hersteller nach Südamerika am Liegeplatz 9 zwischengelagert.

In Cuxhaven gefertigte Windkraft-Turbinen der 8-MW-Klasse warten auf den Transport nach Fernost, Sie werden in Zukunft in der Straße von Formosa Energie für Taiwan liefern.

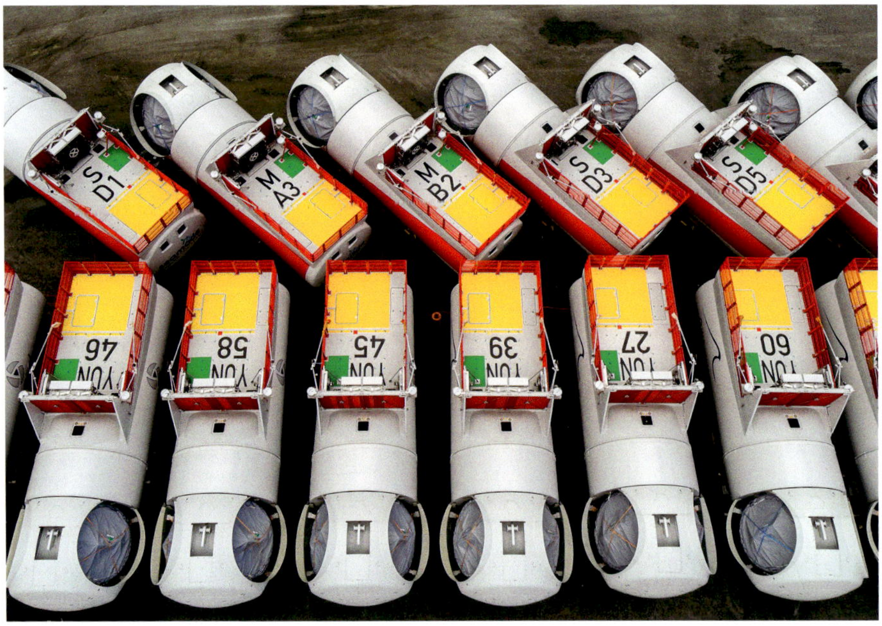

Ein neuartiges Design und neue Funktionen haben im Schiffbau Einzug gehalten: Die in Hamburg getaufte „Siem Moxie" der norwegischen Firma Siem Offshore Inc. aus Kristiansand ist den Kanus der amerikanischen Ureinwohner nachempfunden und wird zur effizienteren Installation und Wartung von Offshore-Windparks eingesetzt.

Das hochmoderne Offshore-Konstruktionsschiff MPI Discovery. MPI ist eines der weltweit führenden Unternehmen bei der Installation von Windparks auf hoher See. Mit Hilfe der Discovery will E.ON weitere Windparks in Nord- und Ostsee errichten, um den Anteil erneuerbarer Energien in Deutschland und Europa weiter zu steigern.
Die Discovery verfügt über sechs Hubbeine, mit deren Hilfe das gesamte 140 Meter lange und 40 Meter breite Schiff aus dem Wasser gehoben werden kann. Auf diese Weise entsteht eine stabile Plattform, von der aus Fundamente und Windturbinen effizient und sicher installiert werden können.

Feuerschiffe, Seezeichen, Seelotsen, Hafen- und Hochseeschlepper

Etwa dreitausend Schiffe sollen im Lauf der Jahrhunderte im Bereich der Elbmündung gestrandet oder untergegangen sein. Über lange Zeit war die Bergung des Strandgutes ein einträgliches Geschäft für die Küstenbewohner. Dass diese es dabei nicht so genau nahmen und ihnen die Ladung gelegentlich wichtiger war als das Leben der in Seenot geratenen Besatzungsmitglieder, führte schon im Mittelalter zu Gesetzen, die den Strandraub streng bestraften. Nachdem Kaiser Friedrich I. im Jahr 1189 der Stadt Hamburg weitreichende Handels-, Zoll- und Schifffahrtsprivilegien auf der Unterelbe verliehen hatte, ging man daran, die Mündung der Elbe vor allem für die Hamburger Kauffahrteischiffe sicherer zu machen. Der Bau des ersten Neuwerker Turms um 1300/10 fällt in diese Zeit. Etwa um das Jahr 1450 wurden die ersten Baken errichtet und die ersten farbigen Tonnen in der Elbe ausgelegt. Jahrhunderte lang waren für die Seeleute an der hiesigen Nordseeküste Windmühlen und Kirchtürme die wichtigsten Orientierungspunkte.

Die Geschichte des Seezeichenwesens steht für einen fortdauernden

Sehr selten und gesucht ist dieser Kupferstich des Hamburger Malers und Radierers Johann Marcus David (1764-1811).

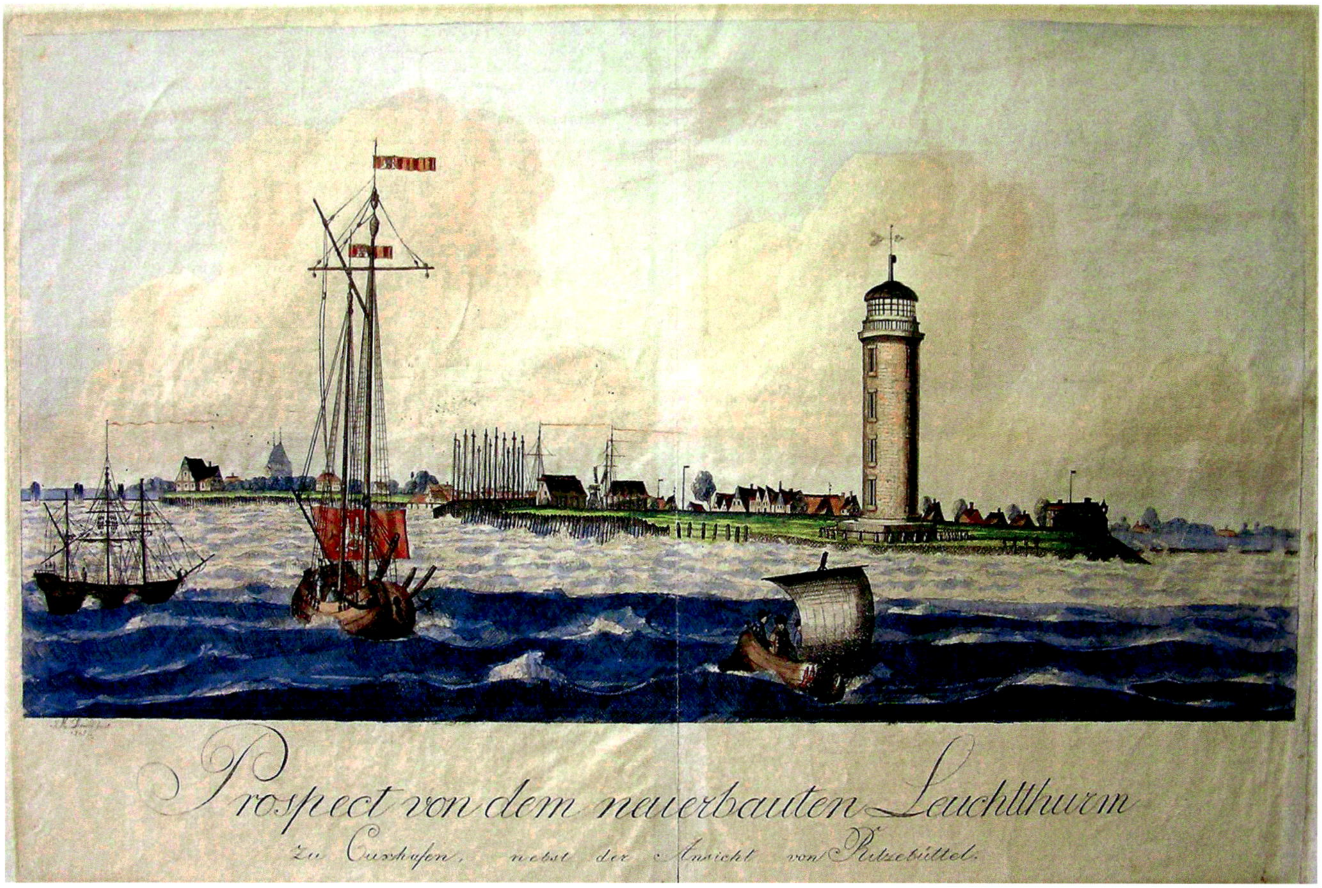

Kampf der Menschen mit den Urgewalten der Natur. Immer wieder wurden Baken von Sturmfluten ins Meer gespült und die Tonnen von ihren Ankerketten gerissen. Es dauerte bis in die Gegenwart, um den Weltschifffahrtsweg Elbe mit dem heutigen hohen Sicherheitsstandard zu versehen. Eine wichtige Rolle spielten in diesem Zusammenhang seit 1816 die Feuerschiffe. In jenem Jahr wurde zum ersten Mal ein solches Schiff, die „Seestern“, an einer langen Kette in der Elbmündung verankert. Dieses Schiff ging Weihnachten 1824 mit Mann und Maus unter, ein Schicksal, welches auch noch weitere Schiffe dieser Art ereilen sollte.

Bis zum Beginn des 20. Jahrhunderts wuchs die Zahl der Feuerschiffe vor Cuxhaven und in der Elbmündung auf insgesamt fünf an, sie trugen neben ihrem Schiffsnamen die Bezeichnungen Elbe I bis V. Die Elbe I „Bürgermeister O'Swald“ wurde 1988 als letztes bemanntes Feuerschiff außer Dienst gestellt und ist heute als Museumsschiff im Cuxhavener Hafen zu besichtigen; die Aufgabe der Feuerschiffe haben unbemannte, computergesteuerte Seezeichen übernommen.

Der 23 Meter hohe Leuchtturm, von Hamburg in den Jahren 1802/1803 errichtet, war der erste seiner Art an der Nordseeküste und für lange Zeit auch der modernste. Sein Leuchtfeuer ist im Laufe der Zeit immer wieder auf den neuesten Stand der Technik gebracht worden. Doch seit dem Jahr 2000 sind seine Lampen verlöscht, seine Funktion für die Schifffahrt überflüssig geworden. Das Bundesvermögensamt hat den Turm an einen privaten Investor verkauft. Nach Restaurierungsarbeiten soll er der Öffentlichkeit zur Besichtung freigeben werden.

In Cuxhaven an der Alten Liebe stehen zwei Seezeichen einer Zeit, die weder Funk noch Radar kannte. Der Cuxhavener Leuchtturm, in den Jahren 1802/03 von Hamburg finanziert und gebaut, ist der älteste seiner Art an der deutschen Nordseeküste. Das merkwürdige Eisengebilde in unmittelbarer Nähe ist ein Semaphor. Seine verstellbaren Arme zeigten früher den vorbeifahrenden Schiffen Windstärken und Windrichtung auf Borkum und Helgoland an.

Gleichermaßen wichtig wie ein funktionierendes Seezeichenwesen war und ist auch heutzutage noch der Lotsendienst. Die Geschichte der Elblotsen umfasst einen Zeitraum von über vierhundert Jahren. Angefangen hat es Mitte des 17. Jahrhunderts mit Lotsgalioten der Hamburger Admiralität, von 1855 bis 1927 versahen Lotsenschoner den Versetzdienst. Sie kreuzten vor Helgoland, Borkum, Norderney, vor der Elb- und Wesermündung, zeitweise sogar im Englischen Kanal vor Dungeness; über viele Jahre parallel mit den ersten Lotsendampfern, die ab 1893 („Capitain Karpfanger“) und 1898 („Simon von Utrecht“) eingesetzt wurden. 1900 schlossen sich die Cuxhavener Lotsen zum Verein der Cuxhavener Lotsenschaft zusammen. 1942 erfolgte die Gründung der Lotsenbrüderschaft „Cuxhaven“. Diese vereinigte sich 1957 mit der Hamburger Brüderschaft zur Lotsenbrüderschaft „Elbe“. In den letzten Jahren haben neue Lotsen-Tender die alten Lotsenschiffe wie „Kommodore Ruser“ und „Kapitän Hilgendorf“ abgelöst. Das neue Stationsschiff „Elbe“ wurde im September 2000 in Dienst gestellt.

Oben: Zur Kennzeichnung des Fahrwassers sowie von Untiefen und Wracks werden seit über fünfhundert Jahren Tonnen eingesetzt. Ursprünglich aus Holz, sind sie heute aus Stahl oder Aluminium gefertigt. Auf dem Tonnenhof des Wasser- und Schifffahrtsamtes werden sie gewartet, bis die Tonnenleger, so nennt man die Spezialschiffe mit ihren großen Kränen, die schwimmenden Seezeichen wieder in Position bringen. Die rot oder grün gestrichenen Tonnen markieren die Fahrwasser, die sogenannten Kardinaltonnen warnen vor Untiefen oder markieren Stellen, an denen gestrandete und untergegangene Schiffen liegen.

Mitte: Kardinaltonnen

Unten: Auf eine annähernd zwei Jahrhunderte lange Geschichte kann die Mützelfeldtwerft in Cuxhaven zurückblicken, denn 1904 übernahm Franz Mützelfeldt sen. die schon einhundert Jahre existierende Bufewerft. Vom stählernen Zweimastschoner über Fischkutter, Logger, Trawler, Kümos, Fahrgastschiffe, Frachter, Chemietanker und Bagger gibt es wohl kaum einen Schiffstyp, den die Werft nicht gebaut hat. Vor allem aber die Schlepper, die auf der Werft entstanden sind und heute noch entstehen, haben Namen und Ruf von Mützelfeldt weltweit bekannt gemacht.

Doch bei allem Fortschritt der Technik gab und gibt es immer wieder Schiffsunglücke in Form von Untergängen, Strandungen und Kollisionen. Die Zahl der Seeunfälle im letzten Jahrhundert mit über tausend zu beziffern ist sicherlich nicht falsch. Oft waren sie auch darauf zurückzuführen, dass Kapitäne den angebotenen Lotsendienst verweigerten, weil sie der Meinung waren, fähig zu sein, allein zu navigieren. Heftige Stürme in Orkanstärke, Nebel, Sandbänke und Untiefen können auch heute noch Schiffe bei der Elbansteuerung in große Schwierigkeiten bringen.

In diesem Zusammenhang sei auch kurz die Rolle von Cuxhaven als Schlepper- und Bergungsstation erwähnt. Mit dem Aufkommen dampfbetriebener Schiffe wurden auch Schleppdampfer gebaut. 1851

Oben: Insgesamt zwölf Lotsenschoner sind für den Einsatz in der Helgoländer Bucht und der Elbmündung gebaut worden. Schiffe wie der Schoner „Elbe" segelten den einkommenden Schiffen teilweise bis auf die Höhe der Insel Borkum entgegen.

Unten: Lotsendampfer „Kersten Miles" im Alten Hafen.

Oben: Reededampfer „Alte Liebe" schleppt Finkenwerder Fischkutter.

Mitte: Frachter „Ondo" mit 50 Grad Schlagseite auf dem großen Vogelsand nach der Sturmflut vom 16.02.1962.

Unten: Lotsenschiffe „Kommodore Ruser" und „Kapt. Hilgendorf"

wird hier ein erstes Dampfboot, die „Henriette", im Bergungsdienst eingesetzt. 1859 der Radschlepper „Assecuradeur". Reedereien wie Bugsier besetzten zusammen mit den Schleppern des „Nordischen Bergungsvereins" bis zum Beginn des Ersten Weltkrieges die Station Cuxhaven. Zu der Zeit war ihr Hauptgeschäft die Schlepphilfe, die vor allem von den Großseglern dankbar angenommen wurde. Nach dem Krieg wurde der Schlepperbetrieb wieder aufgenommen, zwei neue Unternehmen kamen hinzu, „Taucher Otto Wulf", ein Betrieb, der heute noch aktiv ist, und „Taucher Sievers".

Nach dem Zweiten Weltkrieg waren es der „Seefalke", die „Danzig" und die „Atlas", die in den folgenden

Der norwegische Offshore-Versorger „Stril Server" mit dem auffälligen Helikopter-Landedeck. Von diesem Schiff aus führen Monteure Wartungsarbeiten an den Windkrafträdern in der Deutschen Bucht durch.

drei Jahrzehnten hier Schleppergeschichte schrieben. Das Auflaufen des griechischen Tankers „Leros" (1954) und des dänischen Tankers „Gerd Maersk" (1955) auf Scharhörn fällt in deren Zeit. Die Totalverluste des britischen Frachters „Ondo" und des italienischen Dampfschiffs „Fides", die beide 1961 auf dem Vogelsand strandeten, konnten die Schlepper allerdings nicht verhindern. In diesem Zusammenhang muss auch die hervorragende Rolle erwähnt werden, die die Boote der 1865 gegründeten „Deutschen Gesellschaft zur Rettung Schiffbrüchiger" (DGzRS) in all den Jahren gespielt haben. Cuxhaven ist eine der wichtigsten Stationen der Gesellschaft, die Liste ihrer Boote, die in Cuxhaven stationiert waren, ist lang. Seit einiger Zeit versieht die „Hermann Helms", einer der modernsten Rettungskreuzer, von hier aus seinen Dienst.

Seit August 2015 gibt es wieder eine Fährverbindung zwischen Cuxhaven und Brunsbüttel. Die Verbindung über die Elbmündung war vor 14 Jahren eingestellt worden. Die estnische Saaramaa Shipping Company, mehrheitlich beteiligt an der neugegründeten Elb-Link Reederei Cuxhaven GmbH, betreibt die Verbindung zwischen Niedersachsen und Schleswig-Holstein mit sogenannten Doppelendfähren, die über fast identische Vor- und Achterschiffe verfügen und somit in beide Richtungen gleich schnell fahren können. Der Vorteil dieser Fähren ist, dass die Wendemanöver entfallen und die Überfahrtszeiten auf diese Weise kürzer als bei konventionellen Fähren sind.

Oben: Im Hintergrund: 1960 ging der direkt am Fahrwasser errichtete, 34 Meter hohe Radarturm in Betrieb. Er ist Bestandteil einer bis Hamburg reichenden Kette von Radarstationen.

Mitte: Zwei der neueren Boote der „Deutschen Gesellschaft zur Rettung Schiffbrüchiger", die Hermann Marwede und die Annelise Kramer.

Unten: Ein technisches Denkmal besonderer Art ist der einige Meter vom Leuchtturm entfernt stehende „Semaphor". Die 16 Meter hohe Eisenkonstruktion zeigte einst den auslaufenden Schiffen Windrichtung und Windstärke auf Helgoland (H) und Borkum (B) an. 1971 wurde der vom Zahn der Zeit oder besser gesagt vom Rost angefressene Signalmast durch einen feuerverzinkten Nachfolger, finanziert durch Spenden aus der Bevölkerung und mit Hilfe der Stadt, ersetzt. Als eines der Wahrzeichen Cuxhavens ist der Semaphor beliebtes Fotoobjekt.

HAPAG-Hallen und Steubenhöft

In Deutschland war Anfang bis Mitte des 19. Jahrhundert die Bevölkerungsdichte angestiegen. Die beginnende Mechanisierung und Industrialisierung führte zum teilweise dramatischen Abbau von Arbeitsplätzen. Gleichzeitig gab es Naturkatastrophen, die zu Missernten führten, dadurch stiegen die Lebensmittelpreise und auch Hungersnöte waren nicht ungewöhnlich. Armut und Unterdrückung waren schon nach den Napoleonischen Kriegen für viele ein Grund, dem alten Deutschland den Rücken zu kehren und das Wagnis Amerika auf sich zu nehmen. In der Wilhelminischen Ära verstärkte sich der Auswandererstrom noch, die Zahl der Emigranten war groß und ihre Ansprüche gering. Vor allem - sie hatten wenig Alternativen und das Reiseziel versprach so Vieles - Arbeitsplätze, leicht zu erwerbenden Grund und Boden, dazu politische und religiöse Freiheit. Die Auswanderer hofften, dort ein sorgenfreies und besseres Leben zu führen, zumal ihnen versprochen wurde, nach einigen Jahren Aufenthalt die gleichen Rechte wie die der dort geborenen Bevölkerung erlangen zu können.

Zwischen 1850 und 1939 war Hamburg das „Tor zur Welt" für über fünf Millionen europäischer Auswanderer, die über Hamburg die „Alte Welt" verließen. 1901 ließ Albert Ballin, Generaldirektor der Hamburg-Amerikanische-Packetfahrt-Actien-Gesellschaft (HAPAG), auf der Veddel – einer Hamburger Elbinsel – sogar eine kleine Stadt mit Massenunterkünften für die vielen Tausende von Auswanderern aus ganz Europa, die jede Woche in der Stadt ankamen, errichten. 1891 verließen erstmals mehr Auswanderer Deutschland über Hamburg als über Bremen. Nach dem Bau der „Niederelbischen Eisenbahn" 1881 verlagerte sich der Schwerpunkt der Auswanderung schrittweise von Hamburg nach Cuxhaven..Denn die Passagierdampfer wurden größer und größer, bald konnten sie Hamburg nicht anlaufen, weil das Fahrwasser nicht tief genug war. Für die riesigen Pötte wurden deshalb in Cuxhaven neue große Hafenanlagen gebaut. Bereits 1902 waren die Hapag-Hallen fertig gestellt worden.

Mit der ersten Ausreise des Schnelldampfers „Imperator" am 11. Juni 1913 wurde das Steubenhöft eröffnet. Die „Imperator" wurde beim Hamburger Vulcan in den Jahren 1912/13 gebaut und war mit 52 000 BRT vermessen.

So elegant präsentierte sich der Wartesaal der Hapag-Hallen vor 1914. Wo heute eine moderne Aluminium-Konstruktion für Beleuchtung sorgt, zierte damals ein schmucker Kronleuchter den Kuppelbau.

Im Empfangsgebäude „Steubenhöft" befindet sich in der Galerie im 1. OG und im Treppenhaus die höchst sehenswerte Dauerausstellung „Abschied nach Amerika" zur Geschichte der Auswanderer, die von hier aus den Weg in eine unbekannte Zukunft jenseits des Meeres antraten. Sie zeigt Reproduktionen historischer Exponate und Abbildungen aus der Geschichte der Anlage und seiner Passagiere. Die Zeit, als in Cuxhaven noch die großen Passagierschiffe anlegten, ist leider Vergangenheit – geblieben sind die HAPAG-Hallen und das Steubenhöft, und das ist ein Glück. Denn sie zeugen nicht nur von einem besonderen Kapitel der Geschichte, das durch bewegende Schicksale gekennzeichnet ist. Vor allem demonstrieren die HAPAG-Hallen auch eine Ära der Backstein – Architektur, deren Aura nach wie vor sehr beeindruckend ist. Der Ort am Meer tut dann ein Übriges.

Sie hatten einen Eisenbahnanschluss, die Fahrgäste hatten nur eine kurze Strecke zu Fuß zurückzulegen, um an Bord der Schiffe zu gelangen. Während die Passagiere der ersten und zweiten Klasse die Wartezeit in den gepflegten Speisesälen und Galerien der Hapag-Hallen verbringen konnten, mussten die Auswanderer in einer ungeheizten Halle, auf ihren Koffern sitzend, auf die Abfertigung warten.

Ab 1910 ließ der Generaldirektor der HAPAG, Albert Ballin, drei Ozeanriesen von jeweils über 50 000 BRT für die Transatlantikroute bauen. Für die über 270 Meter langen Schiffe war der Neue Hafen zu klein. Über 10 Millionen Goldmark steckte Hamburg in den Ausbau des Hafens und dessen Erweiterung, der nun als Amerikahafen bezeichnet wurde und dessen Strompier für die großen Schiffe auf 400 Meter Länge erweitert wurde und später den Namen „Steubenhöft" erhielt. Doch nur für kurze Zeit sollten der „Imperator", die „Vaterland" und die „Bismarck" die Anlage nutzen und von hier Reisen nach Übersee antreten. Der Erste Weltkrieg beendete diese Epoche deutscher Passagierschifffahrt.

Erst 1920 wurde der Passagierverkehr wieder aufgenommen. Neue Schiffe der HAPAG, die Turbinen-

Die „Hanseatic“ am Steubenhöft, 1962.

Noch etwas größer als die „Imperator“ war die „Vaterland“. Sie entstand in den Jahren 1913/14 bei Blohm & Voss in Hamburg und hatte 54 282 BRT.

Steubenhöft (Neue Liebe) mit Salondampfer Cobra.

Blick von der Fischereihafeneinfahrt zum Steubenhöft.

MS „Italia“ und TS „Hanseatic“ am Steubenhöft, 1959.

Steubenhöft mit Hapag-Schnelldampfer am westlichen Hafenkopf.

Bahnhof am Steubenhöft, um 1914.

dampfer „Deutschland", „Albert Ballin", „Hamburg" und „New York" nutzten nun wieder das Steubenhöft. Bis zum Ausbruch des Zweiten Weltkrieges sollte das geschäftige Treiben bei der Abfertigung der Ozeanriesen andauern. Die glanzvollen Zeiten, die Steubenhöft und Hapag-Hallen jeweils in den Jahren vor den beiden großen Kriegen erlebten, sollten nie wiederkehren.

In der Verkehrsgeschichte brach nach dem Zweiten Weltkrieg eine neue Epoche an. Die Ära der Zivilluftfahrt begann; schneller und billiger brachten die viermotorigen Clipper ihre Passagiere ans Ziel, da konnten die Reedereien mit ihren Liniendiensten nicht mithalten.

Zwar gab es für die Anlagen in Cuxhaven ab 1948 noch einmal einen Aufschwung, als Zehntausende von Vertriebenen, darunter viele Flüchtlinge aus Osteuropa, hier abgefertigt und eingeschifft wurden, um in Kanada oder den USA eine neue Heimat zu suchen. Um diese Zeit endete leider auch die lange Geschichte von Auswanderung und Linienschifffahrt für Cuxhaven. 1954 entstand auf der Pier des Steubenhöfts eine neue Abfertigungsanlage. Bis in die sechziger Jahre wurde sie von Überseeschiffen wie der „Italia", „Homeric" oder der „Hanseatic" (I,II) benutzt. Heute legen am Steubenhöft leider nur noch selten Kreuzfahrtschiffe an.

Zwischen 1900 und 1913 entstanden in mehreren Bauabschnitten das Steubenhöft, der Amerikabahnhof und die Hapag-Halle. Eine Ausstellung in der historischen Passagierabfertigungsanlage über die Auswanderung vermittelt auch heute noch etwas von der Atmosphäre des Abschieds und Aufbruchs in eine für viele ungewisse Zukunft.

Cuxhaven und die Fischerei

Solange ausgebaute Straßen fehlten und die Eisenbahnverbindungen von Hamburg und Bremen nach Cuxhaven noch nicht fertig gestellt waren, gab es hier nur die „Lüttfischerei". Die hier ansässigen Fischersleute fingen mit ihren Segelkuttern in der Elbe und deren Mündung Hering, Kabeljau, Scholle, Stint, dann und wann ein paar Lachse oder Störe und vor allem viel Granat, wie man hierzulande die Nordseegarnelen bezeichnet. Dies deckte den heimischen Bedarf, für die Hamburger Bevölkerung sorgten die Altonaer und Finkenwerder Fischer. Erst als man mit kohlebefeuerten „Fischdampfern" weit entfernte Fanggründe in Nordsee und Atlantik erreichen konnte, entwickelte sich Cuxhaven zum größten Anlandeplatz Deutschlands. 1908 gründeten Hamburger und Cuxhavener Kaufleute mit Hilfe des Reeders Albert Ballin die Cuxhavener Hochseefischerei AG, die mit fünf Fischdampfern startete. Das Geschäft lief hervorragend, es entstanden Hallen für die Auktionen und die Verarbeitung. Für den Versand der Fische ins Binnenland erhielt das Fischereihafengelände einen Gleisanschluss und einen Fischversandbahnhof. Im letzten Jahr vor Beginn des Ersten Weltkriegs war hier der Heimathafen von mittlerweile 32 Fischdampfern verschiedener Reedereien.

Nach dem Ersten Weltkrieg ging die Entwicklung weiter. In der Gründungsphase des Fischereistandortes Cuxhaven waren fast alle Aktivitäten von der Staatlichen Fischerei-Inspektion ausgegangen. Diese Behörde wurde durch Senats- und Bürgerschaftsbeschluss in die neu gegründete Seefischmarkt Cuxhaven GmbH überführt. Diese strukturierte und gliederte Hafen und Fischmärkte um, weitere Fischhallen entstanden, ein Eiswerk und der Fischversandbahnhof wurden umgebaut und erweitert Die „Nordsee" Deutsche Hochseefischerei AG Bremen-Cuxhaven hatte in der Zeit der Inflation und Weltwirtschaftskrise einige der hiesigen Reedereien aufgekauft und war 1933 mit über hundert Fangschiffen nun mit Abstand der größte Betrieb. 1937 begann man den „Neuen Fischereihafen" zu bauen. Weit über 100 000 Tonnen Fisch wurden in den Jahren vor dem Zweiten Weltkrieg in Cuxhaven angelandet und verarbeitet. Wie schon in der Zeit des Ersten Weltkrieges kam die Hochseefischerei auch in den Jahren zwischen 1939 und 1945 völlig zum Erliegen. Fast die Hälfte aller Fangschiffe, die während dieser Zeit unter dem Kommando der Kriegsmarine standen und als Versorger oder Vorpostenboote eingesetzt waren, überstanden den Kriegseinsatz nicht. Bei Kriegsende 1945 lagen nur noch knapp vierzig halbwegs intakte Fischdampfer in Cuxhaven. Sie konnten nach Räumung der größ-

Ausfahrender Fischewer auf der Elbe.

ten Minenfelder bereits drei Jahre später schon wieder über 120 000 Tonnen Fisch anlanden, dringend notwendig für die Versorgung der unter- und mangelernährten Bevölkerung Nachkriegdeutschlands. Nach der Währungsreform fand auch in Cuxhaven das „Wirtschaftswunder“ statt. Es folgten wahre Boomjahre für die Hochseefischerei und die Fischindustrie. 1958 hatte man es geschafft. Cuxhaven hatte alle Konkurrenten überholt und war zum größten Fischereihafen und Fischindustriestandort der Bundesrepublik geworden. Nochmals setzte eine rege Bautätigkeit ein. Ein Kühlhaus sowie neue Industriehallen für die Fischverarbeitung entstanden und durch den Bau einer großen Schleusenanlage 1961 konnte der Neue Fischereihafen tideunabhängig gemacht werden.

Die Fangflotte wurde in den folgenden Jahren ständig modernisiert. Die alten Seitenfänger wurden ausgemustert, immer größere Einheiten kamen als Heckfänger für den Frischfischfang oder als Vollfroster zum Einsatz. Im Zeitraum von 1948 bis 1981 operierten insgesamt acht Fischereischutzboote von Cuxhaven aus, um die Arbeit der Fischer auf hoher See durch medizinische und technische Hilfe zu unterstützen. Das alles ist nun weitgehend Vergangenheit. In Gang gesetzt wurde der rapide Niedergang dieses Industriezweiges durch den Beschluss der Internationalen Seerechtskonferenz Anfang der 1960er-Jahre, die Hoheitsgrenzen und Wirtschaftszonen von Anrainerstaaten der Nordsee und des Nordatlantiks auf 200 Seemeilen zu erweitern. Diese Regelung trat am 1.1.1970 in Kraft. Damit verlor die deutsche Hochseefischerei einen Großteil ihrer traditionellen Fanggründe. Mit katastrophalen Folgen für die Reedereien und die Fisch verarbeitende Industrie. Es hat lange Zeit gedauert, um durch Umstrukturierungen und Handelsabkommen mit Island, Norwegen, Grönland und Kanada weiter die Versorgung mit Frisch- und Frostfisch zu gewährleisten. Der Eigenversorgungsanteil liegt zur Zeit nur noch bei knapp 20 Prozent des Bedarfs.

Doch Krisen schaffen auch Neues: Heute präsentiert sich der Fischereihafen zunehmend in ganz anderer Form. Wo früher mit Frischfisch beladene Güterzüge ihre Fahrt in das Binnenland begannen, ist in den letzten Jahren eine Touristenattraktion entstanden, die Cuxhavener Fischmeile, in der eine Vielzahl von Restaurants und Läden Fisch und Meeresfrüchte aus aller Welt anbieten.

Links: Fischdampfer „Claus Möller“, Baujahr 1950.

Die zweite „Berlin“, Baujahr1911, 233 BRT. Zuvor hieß sie „Geeste“. Sie tat es bis 1937, dann wurde sie zum Abwracken außer Dienst gestellt.

Fischereischutzboot „Meerkatze“.

Während des Zweiten Weltkrieges wurden Fischdampfer wie dieser zur U-Boot-Jagd eingesetzt.

Oben: Das Fischerei-Forschungsschiff „Anton Dorn“ wurde 1954 auf der Mützelfeldtwerft für das „Bundesministerium für Ernährung, Landwirtschaft und Forsten“ gebaut.

Rechts: Der Heckfänger „KIEL“ eines der letzten Schiffe, das an die große Zeit der Deutschen Hochseefischerei erinnert. Auf dem Foto liegt sie im Herbst 2015 am Kai im Neuen Fischereihafen.

Fischereischutzboot „Fritthjof“, 1916 erbaut.

Rechts unten: Seit ihrer Taufe im Januar 2018 gehen die hochmodernen Fangfabrikschiffe NC100 „CUXHAVEN“ und NC105 „BERLIN“ für die DFFU auf Fangreise. Die Schiffe verfügen über eine Maschinenleistung von 3.600 kW und eine Bruttoraumzahl (BRZ) von 3.969. Sie sind wesentlich effizienter und umweltfreundlicher als die älteren Schiffe. In Bezug auf Ausrüstung, Verarbeitung und Sozialstandards für die Crew, die bis zu 35 Personen groß sein kann, sind die Schiffe erstklassig .

Im Cuxhavener Hafen haben immer noch eine Reihe von Krabbenkuttern ihre Liegeplätze. Der Fang der schmackhaften Meerestiere ist nicht mehr so lohnend wie früher, doch die Mitnahme von Gästen auf eine kleine Fangreise hat sich für die Fischer zu einer zusätzlichen Einnahmequelle entwickelt. Wenn die Netze eingeholt sind, werden sie am Steert (dem Netzende) geöffnet und der Fang auf ein Fließband geschüttet. Hier wird zuerst der Beifang, Fische und Muscheln, ausgesondert. Schon auf See kommen die gerade gefischten Krabben für einige Minuten in siedendes Wasser. Damit sich die Meerestiere gut pulen lassen, dürfen sie weder zu kurz noch zu lange im dampfenden Kessel bleiben. Mit Hilfe eines Rüttelsiebs werden die Krabben, die eigentlich biologisch richtig „Sandgarnelen“ genannt werden, dann in der Regel in zwei Größenklassen sortiert. Kleine Faustregel für Selbstpuler: Ein Kilo Krabben ergibt bei guter Ausbeute etwa 300 bis 350 Gramm Fleisch.

Die kleine FISCHKISTE
Restaurant & Verkauf
kleine FISCHKISTE RESTAURANT
DAS FISCH RESTAURANT
83-84

Angebot

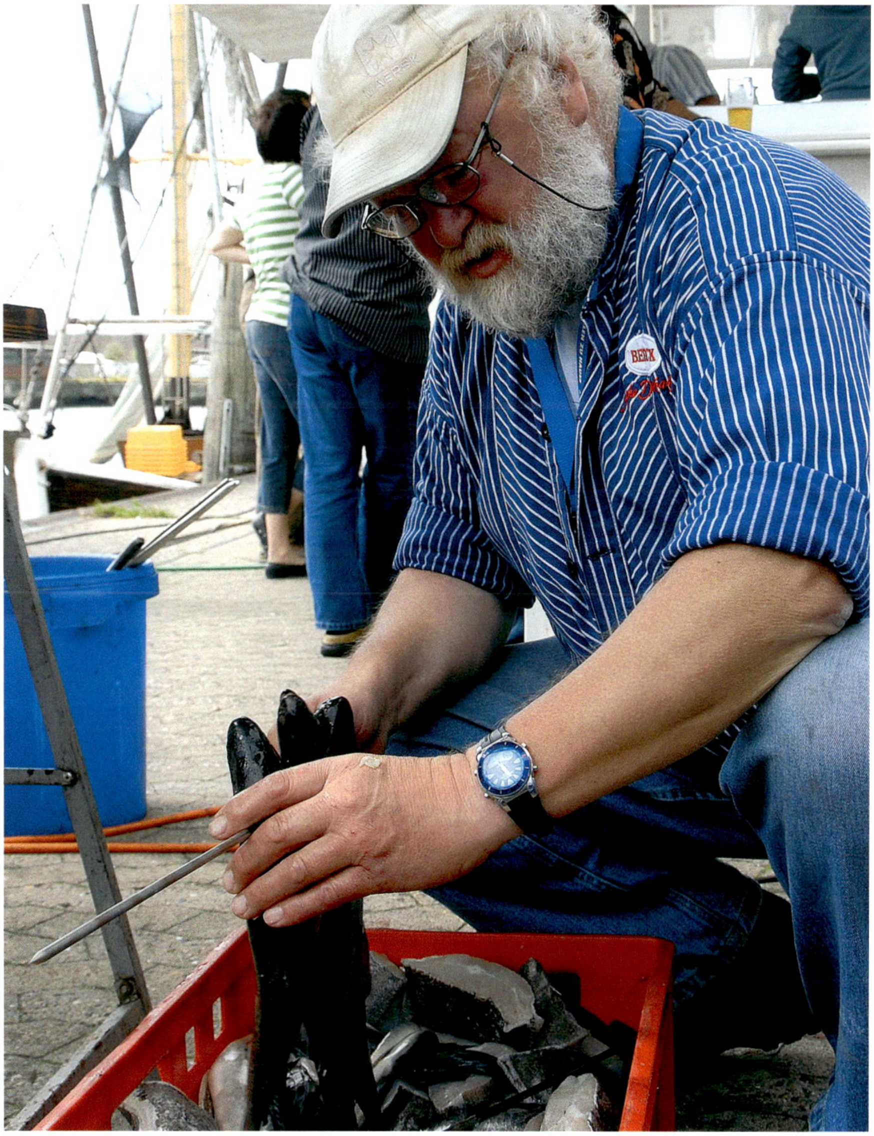

Wo früher mit Frischfisch beladene Güterzüge ihre Fahrt in das Binnenland begannen, ist in den letzten Jahren eine Touristenattraktion entstanden, die Cuxhavener Fischmeile, in der eine Vielzahl von Restaurants und Läden Fisch und Meeresfrüchte aus aller Welt anbieten. Wer die Geschichte der Hochseefischerei noch einmal in Bild und Ton nachvollziehen möchte, dem sei ein Besuch des Museums „WINDSTÄRKE 10“ empfohlen.

Seite 52 unten: Eine Delikatesse sind die Bücklinge, Makrelen und Aale, die man im Fischereihafen stets frisch geräuchert erwerben kann.

Museum „Windstärke 10“

Windstärke 10 – mit diesem neukonzeptierten Museum besitzt Cuxhaven eine neue maritime Attraktion. Auf 4.000 m² Gesamtfläche erwartet den Besucher eine packende Schau zu den Herausforderungen und Gefahren der Seefahrt! Standort des neuen Museums sind zwei ehemalige Fischpackhallen aus den 1930er Jahren, die durch eine moderne Halle verbunden werden. Integriert wurden Teile des ehemaligen Wrackmuseums, des Stadtmuseums, sowie die nautische Sammlung von Peter Webers „kleinem Schiffsmuseum“in Duhnen. Die Abteilung zur Großen Hochseefischerei nimmt den Besucher mit auf Fangreise nach Island. Er erlebt die Enge des Logis, dekodiert in der „Funkbude“ verschlüsselte Fangmeldungen und erfährt, was es mit dem Kaffee des Kapitäns auf sich hat. Der aufwändig inszenierte Bereich vermittelt ein anschauliches Bild von der harten Arbeit an Bord der Fischdampfer, wie von den vielfältigen Gefahren, denen die Fischer im Nordmeer ausgesetzt waren. Um das Thema einer nachhaltigen Fischerei geht es im aktuellen Teil der Abteilung. Ein weiterer Höhepunkt der Ausstellung ist ein inszenierter „Tauchgang“ auf den Grund der Nordsee. Eine atmosphärische Lichtinstallation lässt Wrackfunde aus dem Halbdunkel auftauchen und vermittelt das Gefühl, unter Wasser zu sein. Ebenso eindringlich sind die Geschichten von gefahrvollen Seereisen, Untergang und Rettung, die in dieser Abteilung erzählt werden.

Junge Besucher begleitet „Otto der Dampfer“ durch die mit vielen interaktiven Elementen ausgestattete Ausstellung. Am Ende wartet ein spannender Kinder-Spielbereich mit Forscher-U-Boot und Kuschelkrake auf sie.

Die große Zeit der Hochseefischerei ist leider auch für Cuxhaven heute schon Geschichte. Vorbei sind die Tage, an denen bis zu fünfzig Trawler, Heck- und Seitenfänger hier Tausende von Tonnen Fisch anlandeten. Im Museum Windstärke 10 kann man diese Epoche noch einmal an sich vorbeiziehen lassen. Zahlreiche Bilder, Schiffsmodelle, Schautafeln, Film- und Videovorführungen vermitteln ein eindrucksvolles Bild von der harten Arbeit der Männer auf hoher See.

Die Parade der Schiffe

Schiff: *„Bezeichnung für ein größeres Wasserfahrzeug mit meist strömungsgünstig geformtem Unterwasserteil des Schwimmkörpers, das aufgrund des Archimedischen Prinzips schwimmt und durch Maschinenkraft, seltener noch durch Windkraft angetrieben wird“.*

Doch ein Schiff ist mehr, als die schlichte Definition eines Konversationslexikons aussagt. Was und wie wäre die Welt ohne Schiffe? Doch im Gegensatz zur Geschichte der Eisenbahn, des Autos und des Flugzeugs ist die des Schiffes ungleich länger, fast so lang wie die Geschichte der Menschheit selbst. Schiffe haben zu allen Zeiten eine große Faszination ausgeübt. Es gibt wohl keinen Ort an der Deutschen Nord- und Ostseeküste, an dem man eine derartige Vielzahl von verschiedensten Schiffstypen sehen kann, wie in Cuxhaven. Egal ob vom Deich, von der Alten Liebe oder dem Steubenhöft aus, täglich kann man riesige Containerschiffe, Frachter, Katamarane, Autotransporter, Tanker, Kümos, Passagierschiffe und auch Kreuzfahrtschiffe sehen, dann und wann auch einen Großsegler,

Große Segel, grüner Anstrich und ein großer Regenbogen an der Bordwand – die „Rainbow Warrior“ von Greenpeace. 1.300 Quadratmeter Segel treiben das Schiff voran. Das Schiff setzt umweltfreundliche Maßstäbe: Der Müll wird direkt an Bord sortiert, Trinkwasser wird aus dem Meer gewonnen und auch das Abwasser an Bord wird wieder aufbereitet. Die Rainbow Warrior III fast das gesamte Jahr für Greenpeace im Einsatz, begleitet die großen internationalen Kampagnen der Organisation und ist Flaggschiff des gewaltfreien Protests.

dazu zahlreiche Behördenschiffe, Schwimmbagger, Schlepper sowie Segel- und Motorboote der Sportschiffer. Cuxhaven ist Heimathafen vieler Schiffe, einige der bekanntesten sind hier abgebildet:

Das 1993 gebaute Schiff ist vielseitig verwendbar, als Tonnenleger zum Aussetzen und Bergen von Fahrwassertonnen, dem Setzen von Pricken im Wattenbereich, dem Transport von Wartungs- und Instandsetzungspersonal zu festen und schwimmenden Schifffahrtszeichen aber auch für gewässerkundliche Aufgaben.

Die Eingangspforte zum Liegeplatz der „ELBE1" an der Alten Liebe

1988 wurde die „Elbe I", das letzte der einst die Helgoländer Bucht und die Elbmündung sichernden Feuerschiffe, eingezogen. Die „Bürgermeister O'Swald", so wurde das immer noch fahrbereite Schiff einst getauft, hat einen schmucken Liegeplatz im Hafen. Ein Förderverein hält es in Stand und unternimmt in den Sommermonaten Fahrten mit dem Oldtimer.

Die Otto Wulf GmbH & Co. KG ist ein Spezialist für Schlepperdienste, Bergungsarbeiten, Seetransporte, Schwimmkraneinsätze und Transportservice für die Offshoretechnik. Die Reederei bietet von Cuxhaven und seiner Niederlassung in Rostock aus ein breites Leistungsspektrum für das nordeuropäische Seegebiet an: Von der Seeschiffsassistenz in Cuxhaven und Rostock, Seetransporten mit Schwergutsektionen und Transportlogistik, Schiffsbergung und Hilfeleistung in Seenot, Taucherarbeiten und Ankerbergungen gibt es kaum ein Problem, für das die Reederei keine Lösung anbieten kann. Auf den Bildern zu sehen sind zwei Schiffe aus der Schlepper-Flotte: Die Wulf 3 und die Wulf 9

Der auf denm Philippinen gebaute, 56m lange Katamaran der Förde Reederei Seetouristik „HALUNDER JET“ befördert täglich Fahrgäste von Hamburg zur Hochseeinsel Helgoland. Bei einem Zwischenstopp in Cuxhaven an der Innenkante der Alten Liebe können Passagier zu- und aussteigen. Auf der Strecke Cuxhaven-Helgoland erreicht das 8.960 kW (12.182 PS) starke Schiff seine Höchstgeschwindigkeit von 35 kn, das entspricht 65 km/h.

Mit den Schiffen „Jan Cux" und „Jan Cux II" der Reederei NARG wird ein weiteres Feld der maritimen Landschaft Cuxhavens abgedeckt. Hafenrundfahrten, Touren zu den Seehundsbänken und Ausflugsfahrten auf Elbe und Nordsee bereiten jährlich Tausenden von Passagieren viel Freude. Zum Service der Reederei gehören aber auch Urnenbeisetzungen auf See, eine immer häufiger genutzte Bestattungsform.

Mehrmals täglich pendelt der schnelle Bohrinselversorger SARA MAATJE IV zwischen Cuxhaven und dem größten deutschen Ölfeld, der im Wattenmeer vor der schleswig-holsteinischen Küste gelegen Bohrinsel „Mittelplate".

Für die Lotsenbrüderschaft Elbe sind die SWATH-Tender „DUHNEN“, „DOESE“ und seit 2011 der Tender „GRODEN“ im Einsatz. Die Schiffe sind Eigentum des Bundes und werden durch den Lotsbetriebsverein Hamburg über die Außenstelle Cuxhaven bereedert.

Das Seebäderschiff MS „Fair Lady“ wurde 1970 bei Mützelfeldt gebaut und gehört mit dem Schwesterschiff „Funny Girl“ zur Flotte der Reederei Cassen Eils. Es ist über 68 Meter lang und kann bis zu 800 Passagiere befördern.

Oben: Es gibt mehrere Schiffe unter diesem Namen. Sie gehören einer Niederländischen Reederei. Die Sara Maatje Nr. IV hat ihren Liegeplatz im Amerikahafen. Von hier aus wird das Schiff als Versorger für die Ölplattform und Bohrinsel Mittelplatte A eingesetzt, die vor der Dithmarscher Küste am südlichen Rand des „Nationalparks Schleswig-Holsteinisches Wattenmeer" liegt.

Polizeiboot: Auf der Bootswerft am Schleusenpriel werden Kutter, Yachten und kleine Behördenfahrzeuge wie zum Beispiel dieses Polizeiboot repariert und gewartet.

Die Seeschlacht bei Helgoland

Zur Zeit der Herrschaft Napoleons und der Besetzung weiter Teile Norddeutschlands von 1804 bis 1813 errichteten französische Truppen im Bereich der Cuxhavener Küstenlinie zwei Forts, das „Fort du Phare" bei der Alten Liebe und das „Fort Balise" bei der Kugelbake. Sie sollten der Abwehr etwaiger Landungsversuche der Engländer dienen, die mit ihren Schiffen im Zuge der Kontinentalsperre die Elbmündung blockierten.

Noch einmal streifte der Schatten des Krieges Cuxhaven, im Jahre 1864. Auf der Reede ankerte ein verbündetes österreichisch-preussisches Geschwader unter dem Befehl des für seine Kühnheit bekannten k.u.k. Kommodore Wilhelm von Tegetthoff. Die beiden Mächte befanden sich im Krieg mit Dänemark um die Herrschaft in Schleswig-Holstein. Tegetthoff war mit den Fregatten „Schwarzenberg" und „Radetzky" von Rhodos über Malta und Lissabon nach Cuxhaven gekommen. Österreich war damals eine beachtliche Seemacht. Die Dänen blockierten die Küste und die kleine preussische Flotte konnte nichts dagegen ausrichten. So wurden die Österreicher um Hilfe gebeten. Am 9. Mai kam es dann vor Helgoland zur Schlacht. Nach stundenlangem Gefecht, in dem beide Seiten erhebliche Verluste zu verzeichnen hatten, schien man sich auf ein Remis geeinigt zu haben, die Dänen drehten ab und Tegetthoff befahl seinen lädierten Schiffen die Rückkehr nach Cuxhaven, um hier die erlittenen Schäden provisorisch ausbessern zu lassen. Die gefallenen Österreicher wurden auf dem Ritzebütteler Friedhof bestattet. Auf ihrem Ehrenmal werden auch heute noch Blumen niedergelegt.

Ehrenmal auf dem Ritzebütteler Friedhof

Österreichische Fregatte Schwarzenberg auf Reede vor Cuxhaven nach der Schlacht bei Helgoland (1864).

Fort Kugelbake

Nach dem Deutsch-Französischen Krieg 1870/71 entschloß sich die Reichsregierung, Cuxhaven zur Seefestung auszubauen. Von den zahlreichen Strandbatterien und Festungsanlagen hat nur das „Fort Kugelbake" die Zeitläufe überstanden. Dessen großkalibrigen Geschütze wurden bereits während des 1. Weltkrieges demontiert und an die Flandernfront verbracht. Doch die Besucher des Forts können sich auch heute noch ein Bild machen, wie es damals zuging. Kasematten, Laufgänge, Schießscharten, die trutzigen Mauern und die Wassergräben vermitteln einen Eindruck von der einst „Stolzen Wehr". Zum Glück dient die Anlage jetzt friedlichen Zwecken. Auf dem Innenhof , wo seinerzeit die exzellente Akustik harschen Kommisston transportierte, erklingt heute Musik. Pop – und Rockkonzerte finden unter freiem Himmel innerhalb der Wallanlagen statt.

Holzstich von Schildt um 1865

Große Strandbatterie bei Steinmarne

Das Fort aus der Luft

Bastion im Wassergraben

Kasematte zur Lagerung von Geschützmunition

Hundert Jahre Garnisonsstadt und Marinestützpunkt

Fast alle Orte links und rechts der Niederelbe waren im späten Mittelalter befestigt worden. Hamburg, aber auch kleinere Städte wie Glückstadt, Stade oder Buxtehude waren von kanonenbewehrten Wällen umgeben, um potenzielle Angreifer abwehren zu können. Hamburg hatte es aber nie für notwendig erachtet, seine Exklave Ritzebüttel massiv aufzurüsten.

Als die Truppen Napoleons 1810 die Elbe-Weser-Region sowie Hamburg besetzten, fanden sie in Cuxhaven Schloss Ritzebüttel mit seinen Wällen und dem Wassergraben so vor, wie es wohl schon zu Zeiten des Dreißigjährigen Krieges ausgesehen hatte. Für die aus Napoleons Sicht notwendige Verteidigung des Cuxhavener Küstenbereichs hatte die Schloss-Anlage keinerlei militärischen Wert mehr. Französische Militärs erkannten aber schnell die strategisch günstige Lage an der Elbmündung und planten, Cuxhaven zum Kriegshafen auszubauen, doch dazu sollte es bekanntermaßen nicht mehr kommen.

Schon vor Ausbruch des Deutsch-Französischen Krieges hatte es erste Pläne gegeben, hier an der Elbmündung drei Forts zu errichten. Bereits im Mai 1870 wurde der Grundstein für das Fort Kugelbake gelegt. Nach dem Sieg über die Franzosen 1871 und der Reichsgründung begann unter Kaiser Wilhelm I. eine Politik, die Deutschlands militärische Position weiter stärken sollte. Auf Cuxhavener Gebiet errichtete man nun das Fort Kugelbake, die Forts Grimmershörn und Thomsen sowie die Strandbatterie bei Steinmarne. Das Gründungsdatum für die „Kaiserliche Marine-Garnison“ fällt in das Jahr 1893. Tausende von Bauarbeitern und Soldaten musste die Stadt nun aufnehmen. Es entstanden jetzt die heute noch weitgehend erhaltenen Kasernenanlagen, die Seedeichkaserne, die große und die kleine Wetternkaserne, die Kiautschou-Kaserne (heute Gorch-Fock-Schule) und das große Stabsgebäude mit dem Offizierscasino und zur sportlichen Ertüchtigung die Militärbadeanstalt Grimmershörn. 1905 verlegte man die Inspektion für die Küstenartillerie und das Minenwesen von Wilhelmshaven nach Cuxhaven. Fast 5 000 Soldaten, zum Teil mit ihren Familien, waren mittlerweile hier stationiert und zu einem bedeutenden Wirtschaftsfaktor für die wachsende Stadt geworden. Um auch für das Seelenheil der Mariner zu sorgen, wurden die katholische Herz-Jesu-Kirche (1900 eingeweiht) und die evangelische Garnisonkirche (1911 eingeweiht) errichtet.

Als der Erste Weltkrieg begann, wurde Cuxhaven zum Festungsgebiet erklärt. In den Häfen der Stadt lagen zu Vorpostenbooten und Sperrbrechern umgebaute Fischerei-Fahrzeuge, sowie zu Minenlegern und Lazarettschiffen umfunktionierte Seebäderdampfer. Schwerpunkt aber waren die zahlreichen Minensuch- und Torpedoboote, die 1917 in der „Inspektion des Minen-, Sperr- und Sprengwesens“ zusammengefasst wurden. Trotz Versailler Vertrag und der damit verbundenen Abrüstung blieben die Minensucheinheiten bis in den Sommer 1922 in Cuxhaven stationiert. So lange dauerte es, um die Schifffahrtswege in der Nordsee von Minen aller Art zu räumen. Die Forts hatten viel gekostet und nichts genützt. Feindliche Schiffe kamen nie in die Reichweite der in Cuxhaven postierten Kanonen. Bis zum Ende des Krieges haben die Geschütze der drei Festungswerke nicht einen einzigen Schuss abgegeben.

Es sollte eine Weile dauern, bis man hier die Garnisonsgeschichte

Als „Bretterkaserne" wurde im Volksmund die Seedeichkaserne bezeichnet, die als erste von zahlreichen weiteren Kasernenbauten in Cuxhaven errichtet wurde. 1893 zogen in das hinter dem Seedeich der Grimmershörnbucht liegende Gebäude die ersten Marine-Artillerie-Einheiten ein. Auf dem Teich vor dem Gebäude lernten die Matrosen zu rudern. 2002 riss man die Holzkaserne ab. Heute stehen dort zwei Appartmenthäuser.

fortschreiben konnte. Mit der Wiederaufrüstung im 3. Reich zogen 1935/36 wieder Soldaten in Cuxhaven ein. Die Küstenverteidigung wurde neu organisiert, im Amerikahafen entstanden für die Minensuchverbände neue Anleger, Gebäude, Werkstätten und ein E-Werk. Wie schon den ersten großen Krieg überstand Cuxhaven im Vergleich zu anderen Marine-Standorten auch den Zweiten Weltkrieg relativ glimpflich. Die Stadt hat keinen einzigen größeren Bombenangriff erlebt, die Sach- und Personenschäden hielten sich in Grenzen.

Im Mai 1945 rückten englische Truppen ein. Pioniere sprengten zahlreiche Bunkeranlagen und das Fort Grimmershörn. Beim Fort Kugelbake wurden nur Flakgeschütze, Scheinwerfer und elektrische Anlagen demontiert, das Bauwerk selbst blieb in seiner Substanz erhalten. Wie schon nach dem Ersten Weltkrieg blieben die Minenräumverbände bestehen. Unter der Bezeichnung „German Mine Sweeping Administration" (GMSA) und unter englischem Kommando waren sie bis in die fünfziger Jahre damit beschäftigt, die Nordsee von Seeminen zu entsorgen.

1953 wurde Cuxhaven Stützpunkt eines Seegrenzschutzverbandes. Beim Aufbau der Bundeswehr übernahm man diese Einheit 1957 in die Bundesmarine, im gleichen Jahr stellte man hier das Kommando der Minensuchboote auf. Die Stadt war erneut Garnisonsstadt für ein Minensuchgeschwader geworden. 1963 folgte dann noch ein Geleitgeschwader mit sechs Fregatten der „Kölnklasse". Als dann 1968 alle schwimmenden Einheiten im Zuge der Umstrukturierung der Marine nach Wilhelmshaven verlegt wurden, neigte sich die Geschichte von Cuxhaven als Garnisonsstadt und Marinestützpunkt dem Ende zu. 1991 verließen die letzten noch verbliebenen Einheiten des Marinestützpunktkommandos die Stadt.

Oben: *Torpedoboote am Lentzkai im Amerikahafen.*

Unten: *Kleiner Kreuzer, Minenleger „Albatros" und „Imperator".*

Oben: Zahlreiche Besuche von großen Kriegsschiffen hatte Cuxhaven in der Zeit zwischen den beiden Weltkriegen zu verzeichnen. So machten unter anderem die Linienschiffe „Hessen" (Bild), „Schlesien", „Braunschweig" und „Schleswig-Holstein", die Kreuzer „Emden", „Berlin", „Königsberg", „Leipzig" und die Panzerschiffe „Deutschland" und „Admiral Graf Spee" jeweils für kurze Zeit am Steubenhöft fest.

Mitte: Minensuchboot „Lindau" des 6. Minensuchgeschwaders in Cuxhaven.

Unten: Fregatten des 2. Geleitgeschwaders in Cuxhaven.

Stadtbummel

Cuxhaven hat vieles zu bieten, was andere Städte nicht haben, aber eines besitzt die Stadt nicht, einen historisch gewachsenen Stadtkern. Bis weit in das 19. Jahrhundert gab es nur den „Flecken Ritzebüttel", die Siedlung rund um das Schloss und die Fischersiedlung „Cuxhaven", die sich entlang der Deichstraße und einigen wenigen Nebengassen links am Schleusenpriel erstreckte. Eine Reihe von Eingemeindungen hat der Stadt zwar eine Menge neuer Bürger gebracht, aber kein sich stetig entwickelndes Zentrum. Die Stadtplanung hat versäumt, den Gedanken einer Achse vom Schloss hin zur Alten Liebe konsequent weiter zu entwickeln. Noch in den letzten zehn Jahren entstanden am Schleusenpriel, der historischen Keimzelle der Stadt, Bauten, die dieser Idee kaum entsprechen. Auch sind der Abrißbirne unnötigerweise eine Reihe von historischen Bauten zum Opfer gefallen, die nun leider unwiederbringlich verschwunden sind. Die Ansiedlung von Filialbetrieben am Stadtrand und in Außenbezirken hat, wie in vielen anderen Städten auch, nicht unbedingt zu einer Belebung städtischen Lebens beigetragen. Doch der Initiative vieler Bürger ist es vor allem zu verdanken, dass sich Cuxhaven noch immer von einer liebenswerten Seite zeigen kann. Mit Sachverstand restaurierte Häuser, Restaurants, Cafes und Eisdielen und viel maritimes Ambiente sorgen für Abwechselung. Schloss Ritzebüttel, Ringelnatz-Museum, die Einzelhandelsgeschäfte mit einem breit gefächerten Angebot in der Nordersteinstraße, am Kaemmererplatz und in der Bahnhof-, Holsten-, Post-, Deich- und Schillerstraße sorgen dafür, dass ein Stadtbummel Gästen und Einheimischen durchaus Freude bereiten kann.

Nicht im feuchten Element, aber an dekorativer Stelle am Ufer des Schleusenpriels schmückt der 1904 auf einer Finkenwerder Werft gebaute Gaffelschoner „Hermine" das Stadtbild.

Joachim Ringelnatz und seine Zeit in Cuxhaven

Als Dichter komischer Verse zählt Joachim Ringelnatz noch heute zu den beliebtesten Autoren des 20. Jahrhunderts, in seinen Texten klingen aber auch zarte, melancholische und oft zeitkritische Töne an.

Zum Ausbruch des 1. Weltkriegs 1914 wurde Joachim Ringelnatz (eigentlich Hans Bötticher) zur Kaiserlichen Marine eingezogen. Er diente zunächst in Wilhelmshaven und Cuxhaven, dann u.a. in Kiel, Friedrichsort und im Baltikum und war auf Minensuchern eingesetzt.

Doch die meiste Zeit des 1. Weltkrieges verbrachte er in Cuxhaven; hier wurde er auch schließlich zum Leutnant befördert und erhielt das Kommando auf einem Minensucher.

Der Hurra-Patriotismus, mit dem er in den Krieg gezogen war, hat sich rasch in Nichts aufgelöst. Das Sterben der Kameraden, das Chaos widersprüchlicher Befehle, ständiger Hunger und allgemeiner Versorgungsmangel raubten ihm jede Illusion über Sinn und Zweck des Krieges. Dennoch arbeitete er mit eiserner Disziplin an seinem Ziel, Offizier zu werden; nicht zuletzt deshalb, weil er selbst unter den Ungerechtigkeiten der Vorgesetzten litt. Ihm war es wichtig, ein fairer und gerechter Offizier zu sein.

Als Ringelnatz das Kommando über eine Maschinengewehrbatterie in Cuxhaven-Sahlenburg erhielt, genoss er die Freiheiten fernab von den Vorgesetzten, beschäftigte sich am liebsten mit seinem Freiluftterrarium und zog sich vom Kriegsgeschehen zurück. Doch als der Krieg durch die Novemberrevolution sein Ende fand, versuchte er mäßigend auf die Revolutionäre hier in Cuxhaven einzuwirken.

Bei Kriegsende verließ er Cuxhaven und veröffentlichte fortan unter dem Pseudonym Joachim Ringelnatz.

Seine Erlebnisse von 1914 bis 1918 beschrieb Ringelnatz in seiner Autobiographie „Als Mariner im Krieg", die wegen ihrer antinationalen und antikriegerischen Tendenz wohl mit dafür verantwortlich war, dass alle seine Bücher 1933 auf den Scheiterhaufen der Bücherverbrennung landeten.

Das nach ihm benannte Museum wird von der Joachim-Ringelnatz-Stiftung betrieben, die sich um die Pflege des Nachlasses und um das Gedenken an den Schriftsteller, Kabarettisten und Maler kümmert. Das Museum befindet sich in einem historischen Fachwerkgebäude in der Südersteinstraße, direkt gegenüber vom Schloss Ritzebüttel. In dem Haus zeigt die Ausstellung neben Handschriften, Büchern und Fotografien die umfassendste Sammlung von Zeichnungen, Aquarellen und Ölgemälden des Dichtes und Malers.

Oben: Ringenatz als Kommandant auf seinem Schiff, dem Hafenschlepper SMS „Caroline" ex FAIRPLAY VI, mitte: das Ringelnatz-Museum, unten: Ringelnatz-Portrait von Gustav Tolle (1926)

Oben: Der weithin sichtbare Wasserturm verdankt seine Entstehung einer Choleraepidemie 1892 in Hamburg. 10.000 Tote waren zu beklagen. Diese Epedemie erreichte zwar Cuxhaven nicht, warnte aber die Verantwortlichen des Amtes Ritzebüttel. Die Hamburger Bürgerschaft entschloss sich, eine zentrale Wasserversorgung aufzubauen, um die auftretenden Infektionskrankheiten zu vermeiden. Auch das damals zur Hansestadt gehörende Amt Ritzebüttel sollte dabei berücksichtigt werden. Der 47 Meter hohe Turm wurde 1897 fertig gestellt und hat ein Fassungsvermögen von rund tausend Kubikmetern. Seine Funktion zur Wasserversorgung und Druckregulierung des städtischen Rohrnetzes ist seit vielen Jahren überflüssig geworden.

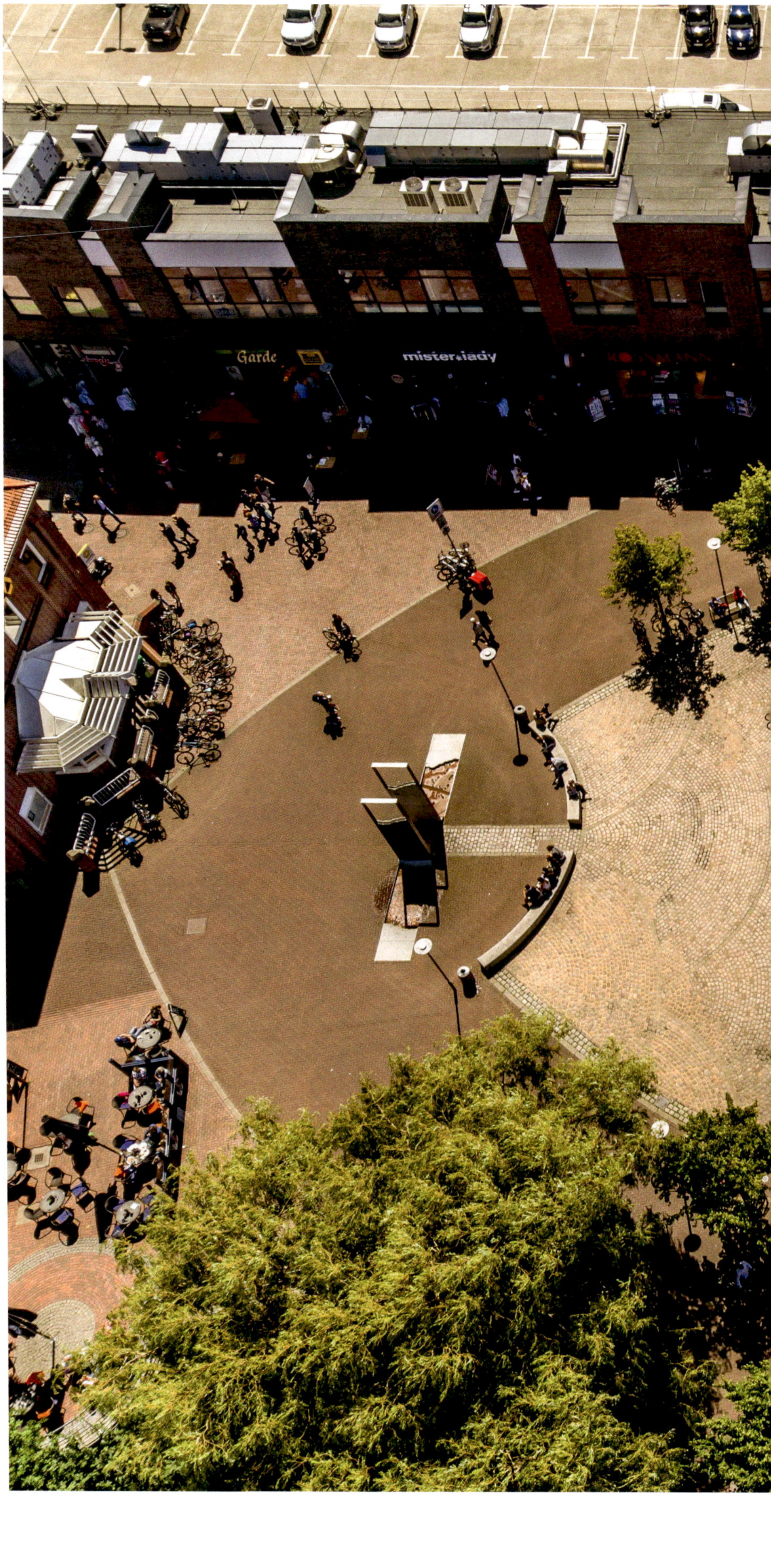

Rechts: Kaemmererplatz; Der nach dem Amtsverwalter Dr. Kaemmerer benannte zentrale Platz Cuxhavens ähnelt aus der Vogelperspektive einem Plattfisch. Einige Cuxhavener treffen sich deshalb seit der Neugestaltung des Platzes im Jahr 2000 nicht mehr am Kaemmererplatz sondern „auf dem Butt“.

Cuxhavener Nachrichten
H&M
C&A
CAMP DAVID | SOCCX

Bäderarchitektur in Cuxhaven

In den Seebädern an der deutschen Ostsee – und Nordseeküste prägte von 1793 bis zum Beginn des 1. Weltkriegs ein besonderer Baustil das Gesicht dieser Orte. Unter dem Sammelbegriff „Bäderarchitektur" oder auch als "wilhelminische" Architektur bezeichnet, vermischten sich Elemente aus Klassizismus, Historismus und Jugendstil zu einer neuen, unverkennbaren Bauform. In Cuxhaven können Interessierte noch zahlreiche von der Bäderarchitektur inspirierte Bauten finden, wenn auch leider in den letzten Jahrzehnten viele schöne Häuser aus dieser Epoche aus kommerziellen Interessen abgerissen wurden, um Platz zu machen für mehrstöckige Großbauten mit Eigentumswohnungen.

Aber immer noch lohnt sich ein Spaziergang durch die Straßen im Lotsenviertel, in Döse und Duhnen, wo viele Villen, Pensionen und Hotels aus der „guten alten Zeit" liebevoll restauriert worden sind, man findet Stilelemente wie Vorderfronten, die häufig horizontal durch vorgehängte Balkone und durch vertikale Risalite (aus der Fluchtlinie des Baukörpers hervorspringende Gebäudeteile) oder kleine Türme gegliedert sind. Reliefdarstellungen, große Jugendstilfenster, aufwendig gestaltete Eingangstüren, breite Freitreppen und vor allem liebevoll gestaltete Schmuckdekorationen wie Skulpturen, Fresken, Schnitzereien oder Stuckarbeiten zieren viele Fassaden und Hausgiebel.

Leider ist die Tradition, ästhetische Häuser mit Aufmaß und Proportion zu bauen, in Cuxhaven weitgehend zum Erliegen gekommen. Vielleicht entsprechen die zahlreichen Neubauten dem Geschmack der Massen und deren Bedürfnissen, die Eigentumswohnungen in den Apartmentshäusern sind ein gutes Geschäft für die Investoren, doch unter städtebaulichen Aspekten sind durch derartige Neubauten gewachsene Ensembles zerstört und zerstückelt worden.

Unten: 1904 wurde die „Villa Ebel" am Strichweg errichtet. Einige Bilder als Beispiele für Fassadenschmuck und Bäderarchitektur zeigen die Seiten 72 und 73.

Catharinenstraße

Villa Caldera

Die Grimmershörnbucht

Weit schwingt sich die Grimmershörnbucht von der „Alten Liebe" bis zur „Kugelbake". Spaziergänger auf und am Uferweg und die Strandkorbbenutzer erleben ein Elbpanorama pur. zum Szene-Treff hat sich in den letzten Jahren die Open-Air Gastronomie von „Marinello" entwickelt. In und vor den rotbedachten Pavillons treffen sich Freunde und Bekannte und können bei einem Glas Wein und kleinen Leckereien eine schöne Zeit verbringen. Einmal im Jahr wird in der Bucht der Höhepunkt der Saison gefeiert. Tausende von Besuchern strömen herbei, um beim „Sommerabend am Meer" das große Feuerwerk anzuschauen, wenn Raketen und Bengalisches Feuer Wasser und Himmel zu phantastischen Bildern verwandeln.

Seite 77 oben: Hunderte von Strandkörben am Grünstrand in der Grimmershörnbucht dienen Einheimischen wie Touristen als idyllisches Domizil mit Blick aufs Meer und die vielbefahrene Elbe.

Unten: Die Gastronomie mit den drei roten Zeltdächern wird jedes Jahr für die Sommermonate am Bojenbad aufgebaut. Wegen der Deichsicherheit werden die Bauwerke in den Wintermonaten eingelagert.

Mehrfach umgebaut und erneuert, ist der ehemalige Wellenbrecher und Schiffsanleger die wohl am bekannteste Attraktion Cuxhavens. Direkt am Hauptwasser gelegen, genießt man auf der Aussichtsplattform ein unbeschreibliches Flair - Kleine und große Schiffe und Seevögel wie zum Greifen nah. Wind und Wellen, Ebbe und Flut dazu ein schier unendlicher Horizont. Und nirgendwo, so sagt man, sind die Küsse der Liebenden so schön - salzig, wie auf der „Alten Liebe".

Alte Liebe

Vor dreihundert Jahren hatte die Küstenlinie vor Cuxhaven einen wesentlich anderen Verlauf. Das durch Deiche gesicherte Land reichte weit in das heutige Fahrwasser hinein. Auf fruchtbarem Marschboden graste das Vieh und sogar einige Bauernhöfe sollen dort gestanden haben. Strömungsänderungen der Elbe und eine Reihe von schweren Sturmfluten zwangen dazu, die Deichlinie immer weiter zurück zu verlegen und neue Schutzbauten gegen die Naturgewalten zu errichten. Dazu gehörte das Bollwerk „Alte Liebe", das in seinen Ursprüngen auf das Jahr 1733 zurückreicht. Als Gründungsfundament wurden damals drei mit Findlingen beschwerte alte Schiffsrümpfe versenkt. Eines der Schiffe soll den Namen „Olivia" getragen haben. Aus „Olivia" wurde im Volksmund auf Platt „Ole Leev", was sich dann später auf Hochdeutsch zur „Alten Liebe" wandelte.

Döse – Von der Kugelbake bis Steinmarne

1905, dreißig Jahre eher als in Duhnen, war die Vereinigung von Döse mit Cuxhaven durch die Gemeindeversammlungen beider Orte beschlossen worden. Döse hatte zu diesem Zeitpunkt etwa 2.200 Einwohner. Die Entwicklung zu einem bedeutenden Kurteil des Nordseebades Cuxhaven verlief hier in etwas ruhigeren Bahnen. Das ist noch heute zu spüren, in Döse geht alles etwas friedlicher und familiärer zu. Döse ist auch heute noch das klassische Familienbad. Der Döser Sandstrand erstreckt sich von der Kugelbake bis nach Steinmarne. Dort lädt ein beheiztes Meerwasserbad zum schwimmen unter freiem Himmel ein. Einmal im Jahr wird hier richtig gefeiert: „Op no Dös" heißt es dann. Das Döser Straßenfest in der 2. Septemberwoche jeden Jahres lockt zigtausende von Besuchern an. Kunsthandwerk und Trödelmarkt, Imbissbuden und Bratwurststände, Bier, Wein und Sekt reichlich, dazu eine gehörige Portion Pop- und Jazzmusik – hier läßt sich's feiern.

Im Hafen der Seglervereinigung erlernt der Nachwuch das Segeln mit den kleinen Booten der Optimisten-Klasse.

Die alte und die neue Kugelbake nebeneinander im Jahr 1867. Die Kugelbake ist das Cuxhavener Wahrzeichen schlechthin und ziert daher auch das Stadtwappen. Die Geschichte dieses Seezeichens geht bis auf die Jahre 1704/05 zurück. 85 Fuß soll die erste Bake hoch gewesen sein. 1737 wurde sie erneuert, fünfzig Jahre später wegen Baufälligkeit abgebrochen und durch eine neue, auch in der Form veränderte Bake ersetzt. Fast zeitgleich mit dem Bau des ca. 200 Meter langen Steindamms vom Döser Seedeich zum Fundament der Bake (1867) wurde wiederum eine „neue" Kugelbake fertig. Diese sollte immerhin bis 1898 halten. Abermals erneuert, sollte sie nach Ausbruch des Ersten Weltkrieges potentiellen feindlichen Schiffen auf gar keinen Fall als auffällige Land- und Orientierungsmarke dienen und wurde abgerissen. 1924 wieder aufgebaut, hat die knapp 30 Meter hohe Holzkonstruktion heute ihre Funktion als Seezeichen verloren. Ihr Standplatz ist ein viel besuchter Ort, dort, wo eine imaginäre Linie Nordsee und Elbe trennt, ist die Bake bis auf den Tag für viele Seeleute Symbol für Ankunft und Abschied.

Vor einigen Jahrzehnten gab es noch ein solches Idyll: Kühe auf dem Deich in der Grimmershörnbucht, die nach dem Grasen zum Baden in der Nordsee getrieben wurden, hier in den 1930er Jahren.

Seite 82-83: Kilometerweit zieht sich der Döser Strand an der Küste entlang. Hunderte von Strandkörben bieten sich an zum Sonnenbaden und Faulenzen, die Kinder können im Wasser plantschen und im hellen Sand spielen; Beach-Volleyball, Joggen und Strandgymnastik bleibt den Aktiveren vorbehalten.

Pinguine, Seevögel und Seehunde sind die Bewohner des Kurparks. Auch Kaninchen, Enten und Touristen genießen die Ruhe und Schönheit des Ortes. Die liebevoll gepflegte Parklandschaft, die Kurparkhalle und die Kugelbakehalle bieten jene Vielfalt von Vergnügen und Unterhaltung, die Besucher eines großen Seebades erwarten.

Rettungsstation "Kugelbake"

Duhnen – Vom Dorf in den Dünen zum Seebad

Als Hamburg um 1300 den Turm auf Neuwerk errichten ließ, konnten die Duhner beim Bau zusehen. Denn Duhnen gab es damals schon, 1310 wird das kleine Dorf in den Dünen erstmals in einer Urkunde erwähnt. Als die Hamburger dann 1394 die Ritter Lappe zwangen, die „Steenborgh" in Ritzebüttel und die zu ihrer Grundherrschaft gehörenden Dörfer zu verkaufen, fiel auch Duhnen darunter. So wurde der damals kleine Fischerort hamburgisch und blieb es, man höre und staune, bis 1935. Erst in diesem Jahr wurde Duhnen in die Stadt Cuxhaven eingegliedert.

Um 1900 hatte das Dorf ganze 320 Einwohner. Doch dann trat der 1850 in Otterndorf geborene Ludwig Robert Dohrmann auf den Plan. Dieser war 1878 nach Cuxhaven gekommen, hatte zuerst eine Fischräucherei gegründet, dann eine kleine Fischkutterflotte aufgebaut und mit Austernfischerei in den ostfriesischen Wattengebieten den Grundstock für ein ansehnliches Vermögen gelegt. Nach der Eröffnung der Eisenbahnlinie Harburg–Stade–Cuxhaven blühte auch seine Seefischgroßhandlung auf. Dohrmann beteiligte sich mit dem frisch verdienten Geld am Bau des ersten Fischdampfers „Cuxhaven". Dieser Robert Dohrmann muss nicht nur ein tüchtiger Kaufmann gewesen sein, sondern ein weitsichtiger dazu. Er erkannte früh, wie zukunftsträchtig Investitionen in den Fremdenverkehr sein könnten, und Duhnen war für ihn der richtige Ort dafür, um dies in die Tat umzusetzen.

Mittlerweile auch Grundstücksmakler, gründete er mit einigen Mitstreitern in Duhnen eine Kommission zur Förderung des Fremdenverkehrs, später „Badekommission" genannt. Die ließ 1902 Duhnen als Seebad eintragen. Im gleichen Jahr

Die Duhner Badebrücke mit dem Restaurant Seepavillon. Die Brücke wurde 1904 gebaut, im gleichen Jahr von einer Sturmflut zerstört und 1906 wieder errichtet. Bis zum Beginn des Zweiten Weltkriegs genutzt, verfiel sie in der Folgezeit, die Reste der Holzkonstruktion wanderten im Winter 1946/47 in die Öfen der Duhner Bevölkerung.

Rechts: Eine der Attraktionen in Duhnen ist das Thalasso- Meerwasser Brandungsbad. Hier kann man entspannen und eine schöne Zeit am und im Meer verbringen. Neben der Entspannung kommt aber auch der Spaß nicht zu kurz: Eine Riesenrutsche (65 Meter), ein Strömungskanal und ein Kinderparadies, eine Therme , ein beheiztes Aussenbecken mit Sprudelliegen, Thalassoanwendungen sowie Kursangebote von Aquafitness bis Babyschwimmen vervollständigen das Angebot.

wurde das erste Wattrennen unter dem Jubel von rund 8 000 Zuschauern ausgetragen.

Weiter ging es Schlag auf Schlag. Das Kurhaus und die Badebrücke wurden 1904 eingeweiht, die Besucher kamen in Scharen und in kürzester Zeit war aus dem beschaulichen Dorf ein ansehnlicher Kurort geworden. Seit diesen „wilhelminischen" Zeiten hat sich Duhnen zum beliebtesten und meistfrequentierten Kurteil Cuxhavens entwickelt. Es gibt Hotels, Restaurants, Pensionen und Privatquartiere für jeden Geschmack und Geldbeutel, dazu Unterhaltungsangebote in Hülle und Fülle.

Vom Meer ins Schwimmbad ... und das Wasser ist auch noch dasselbe! Denn das Freibad Steinmarne hat ein Meerwasserbecken, das zudem noch beheizt ist. Das schöne Schwimmbad befindet sich direkt am Deich zwischen Döse und Duhnen. Hier gibt es eine große Liegewiese und Platz, um Volley - oder Basketball zu spielen.

Von diesem Bild lässt sich ablesen, warum so viele Menschen so gern in das Nordseebad Cuxhaven kommen. Wo anders kann man im Strandkorb sitzen, stundenlang am Strand laufen, frische Seeluft atmen und dabei noch viele Schiffe ihren Weg ziehen sehen ?

Für die Neugestaltung der Strandpromenaden in Duhnen und Döse hat die Kurverwaltung viel Geld ausgegeben, man kann sehen – es hat sich gelohnt. Die Häuserzeile zeigt nur einen kleinen Ausschnitt des Kurteils mit seinen zahlreichen Hotels, Pensionen, Restaurants und Geschäften.

Ein beliebter Anlaufpunkt ist das Restaurant „Leuchtfeuer".

Oben: Einzigartig auf der Welt ist das große Pferderennen auf dem Meeresgrund. Seit über hundert Jahren findet das Rennen an dem Julisonntag statt, bei dem die Tidenzeiten besonders günstig sind. Den Pferden macht es sichtbar Spaß und den Zuschauern auch. Es ist schon ein besonderer Anblick, wenn die Pferde mit voller Kraft über den Meeresboden galoppieren und eine wirbelnde Gischt hinter sich herziehen. Das Wasser spritzt, Schlick fliegt durch die Luft, Reiter und Sulkyfahrer verändern dabei nicht selten ihr Aussehen.

Mitte: Stadion am Meer: Relativ einmalig an der Küste ist das „Stadion am Meer". Hier finden zum Teil international besetzte Beachvolleyball-Turniere statt.

Unten: Ein beliebter Treffpunkt ist die Schirmbar am Duhner Strand

Marineflieger, Seeflughafen und Aeronauticum in Nordholz

Flächenmäßig ist der Fliegerhorst einer der größten deutschen Flughäfen. Bereits Im 1. Weltkrieg starteten von hier aus die Marine – Luftschiffe zum „Feindflug“. Heute sind dort das Marinefliegergeschwader 3 „Graf Zeppelin“ und das Marinefliegergeschwader 5 stationiert, die im Rahmen der Neustrukturierung der deutschen Streitkräfte mit dem neu aufgestellten Marinefliegerkommando am Standort Nordholz zusammengelegt wurden. Sie verfügen über Seefernaufklärer vom Typ P-3C Orion (S. 87 oben links) sowie über Bordhubschrauber vom Typ Sea Lynx (S. 87 oben rechts) und Sea King (S. 87 mitte links). Im Auftrag des Havariekommandos betreibt die Marine zusätzlich zwei Flugzeuge vom Typ DO 228 NG, die mit diversen Systemen für die Überwachung der Nordsee gegen Meeresverschmutzungen ausgerüstet sind.

Ein Teil des Geländes wird unter der Bezeichnung „See-Flughafen Cuxhaven/Nordholz“ auch zivil genutzt. Für die Sportfliegergruppen aus Bremerhaven, Cuxhaven und Umgebung steht der Sonderlandeplatz Nordholz-Spieka zur Verfügung, der sich in direkter Nachbarschaft zum Gelände des Seeflughafens bzw. der Nordholzer Marinefliegerbasis befindet.

Eine DO 228 auf einem Kontrollflug über der Nordsee.

Im Juni 2020 wurde die ersten der neuen Marine-und zukünftigen SAR-Hubschrauber NH90NTH „See Lion“ in Dienst gestellt. Insgesamt 18 Maschinen des der Airbus Helicopters entwickelten Typs sollen bis 2023 die mittlerweile fast 50 Jahre im Einsatz befindlichen „Sea Kings“ ersetzen.

Vom Luftschiffhafen Nordholz stiegen während des Ersten Weltkrieges Zeppeline zum Feindflug auf. Einen großartigen Überblick über die Geschichte der historischen und technischen Entwicklung der Luftschifffahrt und der Marinefliegerei bietet das Aeronauticum in Nordholz. In der Museumshalle sind beeindruckende Modelle und einzigartige Exponate zu sehen.

Auf dem ca.36.000 Quadratmeter großen Außengelände präsentiert das Museum z.Z. über 18 Großexponate (Flugzeuge und Hubschrauber) zur Geschichte der Marineflieger seit 1956.

Oben: Der „Sea-Airport Cuxhaven/Nordholz wird vorwiegend militärisch genutzt, kann aber im Bedarfsfall auch von der zivilen Luftfahrt angeflogen werden. Die Start- und Landebahn ist 2.4 Kilometer lang und damit wohl die längste aller deutschen Regionalflughäfen.

Sahlenburg, Finkenmoor, Brockes- und Wernerwald

Auch dieser Ortsteil hat Geschichte. Die Ritter Lappe sollen, bevor sie ihre Burg in Ritzebüttel erbauen ließen, auf einem Herrenhof in Sahlenburg residiert haben. Schon seit dieser Zeit gehörte Sahlenburg zu Ritzebüttel, im Gegensatz zu Döse und Duhnen.

Die Entwicklung zum Fremdenverkehrsort erfolgte im Wesentlichen erst in den Jahrzehnten nach dem Zweiten Weltkrieg, vorher war der Ort überwiegend landwirtschaftlich strukturiert.

Doch als man sah, wie sprunghaft sich der Kurbetrieb in Döse und Duhnen entwickelte, kam der eine oder andere Landwirt auf die Idee, dass es wohl doch mehr einbrächte, aus einem Acker einen Campingplatz zu machen, als auf dem kargen Geestboden Kartoffeln anzupflanzen. Dass sich das rentiert, kann man in Sahlenburg auf Schritt und Tritt sehen. Hier sind in unmittelbarer Nähe des Strandes hervorragende Plätze für diejenigen entstanden, die in den Ferien lieber mit Wohnmobil oder Zelt unterwegs sind. Ein Teil des Sahlenburger Ufers hat sich zu einem Domizil für Surfer und Katamaran-Segler entwickelt; wer nicht in die oft recht kühle Nordsee springen möchte, kann hier im nahegelegenen Waldfreibad schwimmen gehen. Doch Sahlenburg hat noch mehr zu bieten: Hier befindet sich das „Nationalpark-Zentrum-Wattenmeer-Cuxhaven", eine öffentliche Informations- und Bildungseinrichtung. Eine Dauerausstellung mit vielen Schautafeln und Modellen der Wattenstruktur, Seewasseraquarien sowie Video, DVD- und Filmvorführungen vermitteln den Besuchern eine Fülle an Information über Wattenmeer und Nationalpark. Wer etwas über das Watt unter naturkundlicher Führung erfahren möchte, kann an einer der angebotenen Exkursionen teilnehmen. Der angrenzende Wernerwald ist ein Paradies für Wanderer und Spaziergänger. Er wurde in der Amtszeit des Amtsverwalters Dr. Charles Anthony Werner ab 1880 angelegt. Ursprünglich als „Sahlenburger Revier" bezeichnet, hat sich im Laufe der Zeit für den einzigartigen Küstenwald an der Nordsee die Bezeichnung „Wernerwald" eingebürgert. Dieser zieht sich kilometerweit von Sahlenburg bis an die Ortsgrenzen von Arensch und Berensch an der Küste entlang. Inmitten seines ungefähr 315 Hektar umfassenden Baumbestandes liegt ein idyllischer See, das Finkenmoor, ein Biotop für selten gewordene Vogel- und Libellenarten.

Blick auf Sahlenburg aus der Vogelperspektive.

Der Sahlenburger Strand ist der bevorzugte Platz für Surfer und Katamaran-Segler. Die weiten Wattflächen hier vor der Küste garantieren bei günstigem Wasserstand und entsprechendem Wind diesen Wassersportlern das reinste Vergnügen.

Das Finkenmoor. Ganz verwunschen liegt im Wernerwald ein idyllischer Süßwassersee, das Finkenmoor. Ein Biotop, von Wasservögeln bevölkert, ein Paradies auch für Frösche, Libellen und viele weitere Tier- und Pflanzenarten, das dem Betrachter einen Eindruck der vorzeitlichen Moorlandschaft vermittelt.

Anlaufstelle für alle, die sich näher über den Nationalpark und das Cuxhavener Wattengebiet informieren wollen, ist das Wattenmeer Besucherzentrum in Cuxhaven-Sahlenburg. Im Oktober 2015 wurde der beeindruckende Neubau eröffnet.

Am Rande des Wernerwaldes eröffnete 2020 ein sehenswertes Restaurant, das „KLIFF" seinen Betrieb. Sowohl von innen als auch von der großen Terrasse aus haben die Besucher einen phantastischen Blick auf Vorland, Wattenmeer und die Insel Neuwerk. Standort ist ein Gelände mit historischer Vergangenheit. Zur Auswertung und Analyse von Schießerprobungen von Krupp-Schiffsgeschützen, die aus der Umgebung von Altenwalde in Richtung Wattenmeer feuerten, errichtete die Kaiserliche Marine 1912 drei Türme-am Rand des Wernerwaldes und einen auf der Insel Neuwerk. Einen davon riss man ab und errichtete an gleichen Ort den „Marineturm", dieser diente von 1953 bis Ende 1957 britischen Streitkräften zum Beobachten von Bombenabwürfen der Royal Air Force auf dem Knechtsand (als Ersatz für das ehemalige Übungszielgebiet Helgoland, Nach langen Protesten und Verhandlungen gab Großbritannien die einzige deutsche Hochseeinsel 1952 an die BRD zurück).

Der Brockeswald. Ursprünglich war die Küstenlandschaft waldlos. Das ließ um 1740 schon den poetisch veranlagten Amtmann Brockes nicht ruhen. Um seinem schönheitssuchenden Auge von seinem Amtssitz, dem Schloss Ritzebüttel aus, einen Bezugspunkt zu geben, ließ er einen kleinen Wald zwischen Stickenbüttel und Sahlenburg anpflanzen. Schon lange trägt das Wäldchen seinen Namen.

Oben: Direkt am Weltnaturerbe Wattenmeer liegt der Waldkletterpark in Sahlenburg. Von den Wipfeln der Schwarzkiefern aus genießt man einen einzigartigen Blick auf die Insel Neuwerk und die Elbmündung. Dutzende von Kletterelementen in unterschiedlichen Schwierigkeitsgraden und ein Seilrutschenparcours bieten Spaß und Sport für die ganze Familie. Hier hätten auch Tarzan, Jane und Shita ihr Vergnügen gehabt.

Altenbruch

Altenbruch, seit 1972 nach Cuxhaven eingemeindet, hat ganz eigenständige Geschichte. Schon in einer Urkunde aus dem Jahr 1280 wird der Ort erwähnt, allerdings noch in Niederdeutsch als „Oldenbrock“. Auf Altenbrucher Gebiet liegt der Warningsacker, einst die Versammlungsstätte der Hadler Stände, denn Altenbruch gehörte über ganz lange Zeit als Kirchspiel zum Hadler Hochland und wurde früher oft als „Krone des Landes Hadeln“ bezeichnet. Wie in vielen Orten an der Unterelbe hat sich auch in Altenbruch ein Wandel vollzogen. Aus einem fast rein agrarisch strukturiertem Ort ist ein beliebtes Ferien- und Touristenziel geworden.

Ein ruhiger Grünstrand mit bunten Strandkörben und Spielgeräten für die kleinen Gäste, nah am Ufer vorüberziehende Ozeanriesen, die Strandpromenade mit Hundestrand und die abwechslungsreiche Landschaft hinter dem Deich laden in Altenbruch zu einem erholsamen Aufenthalt ein. Der historische Ortskern mit der 100-jährigen Jugendstilvilla „Gehben“, der St. Nicolai Kirche mit der 500 Jahre alten restaurierten Klapmeyerorgel und das weltweit umfangreichste U-Boot-Archiv sorgen für Kurzweil. Neben dem Sportboothafen mit Gastliegeplätzen erhebt sich auf dem Deich der über 100 Jahre alte, zur Besichtigung einladende Museumsleuchtturm „Dicke Berta“.

In unmittelbarer Nähe des Altenbrucher Hafens steht die „Dicke Berta“, ein Leuchtturm, dessen Feuer 1897 zum ersten Mal erstrahlte. In den Jahren von 1915 bis 1918 musste er um 20 Meter nach Osten verlegt werden, bei den Umbauarbeiten erhielt der Turm seine heutige Form. 1983 wurde sein Betrieb als Quermarkenfeuer eingestellt. Heute sorgt ein Förderverein für den Erhalt. Die „Dicke Berta“ kann von April bis September besichtigt werden und Brautpaare haben die Möglichkeit, sich im Turm das Jawort zu geben.

In den Sommermonaten immer wieder eine schöne Ansicht: Der Blick vom Deich auf das Vorland über grasende Schafe hinweg auf den kleinen Altenbrucher Hafen, fast zum Greifen nah ziehen Schiffe vorbei.

In Altenbruch wurde 1908 diese Villa fertiggestellt, die den Namen seines Bauherrn trägt. Der hieß Ernst-Julius Gehben, war mit 15 Jahren in die USA ausgewandert und hatte es dort zu einem ansehnlichen Vermögen gebracht. Dann bekam er Heimweh nach der Alten Welt, vor allem nach Altenbruch, kehrte zurück und ließ sich hier sein Traumhaus bauen. Heute wird das mit zahlreichen Jugendstilelementen ausgeschmückte Gebäude für kulturelle Zwecke genutzt.

Die Altenbrucher St. Nicolai Kirche mit den Doppelspitzen auf dem Kirchturm und dem frei stehenden hölzernen Glockenturm stammt in ihren Ursprüngen aus dem frühen 13. Jahrhundert. Diese Kirche war früher für die Schifffahrt auf der Elbe eine wichtige Landmarke. Ihre in den letzten Jahren mit viel Aufwand restaurierte Orgel (unten links) stammt von Johann Hinrich Klapmeyer, einem Schüler Arp Schnitgers.

An der Rückwand der Altenbrucher St. Nicolai Kirche befindet sich diese schöne Skulptur des Heiligen Nikolaus, dem Schutzheiligen der Seeleute.

Altenwalde und Lüdingworth

Um 800 n. Chr., zur Zeit der Sachsenkriege, entstand auf der Hohen Lieth bei Altenwalde eine fränkische Palisadenburg, deren Wallanlagen auch heute noch in Umrissen zu erkennen sind. Die Anlage gelangte einige Jahrzehnte später in den Besitz des Erzbistums Bremen. Unter Erzbischof Adalbert (1043–1072) entwickelte sich Wolde, wie man Altenwalde in früherer Zeit bezeichete, zu einem wichtigen Stützpunkt und Kirchspiel des Erzbistums. 1282 veranlasste Erzbischof Giselbert die Verlegung des Midlumer Kanonissenstifts nach Altenwalde, wo es als Kloster auf der Altenwalder Höhe einen neuen Platz bekam. Doch dort sollte es nicht allzu lange bleiben, Erzbischof Burchard von Bremen ließ das Kloster 1334 nach Neuenwalde verlegen. In dieser Zeit taucht zum ersten Mal der Name „Oldenwolde" auf. Nach Inbesitznahme der Burg der Ritter Lappe durch Hamburg traten diese die Pfandrechte am Kirchspiel Altenwalde an Hamburg ab. Politisch gehörte der Ort aber noch zum Bremer Erzbistum, im Gegensatz zu den umliegenden Heidedörfern Arensch, Berensch, Holte, Oxstedt und Gudendorf, die politisch und kirchlich zum Amt Ritzebüttel gehörten.

Obwohl von Cuxhaven respektive Ritzebüttel nur wenige Kilometer entfernt, verlief die Altenwalder Geschichte ein wenig anders als beim Nachbarort. Ritzebüttel blieb durch die folgenden Jahrhunderte hamburgisch. Altenwalde, Franzenburg, Gudendorf und Lüdingworth gehörten zum Land Hadeln, in der „Franzosenzeit" zur „Commune Lüdingworth" des Cantons Ritzebüttel. Nach dem Ende der Herrschaft Napoleons kamen sie zum Königreich Hannover. Altenwalde und die daran grenzenden Gemeinden gehörten dann später zum preußischen Kreis Lehe, ab 1932 zum Kreis Land Hadeln. Erst 1972 erfolgte die Eingliederung Altenwaldes und seiner über 7 000 Einwohner in die Stadt Cuxhaven.

Der Aufbau der Bundeswehr bescherte Altenwalde eine jahrzehntelange Blütezeit; seit Anfang der sechziger Jahre waren hier ein Panzer- und ein Panzergrenadierbataillon stationiert. Dies ist heute schon Geschichte. Eine etwa 1 500 Hektar große Wald- und Heidefläche, das Areal des ehemaligen Truppenübungsplatzes, wird seit Ende 2003 nicht mehr genutzt. Weite Teile dieses Gebiets wurden unter Naturschutz gestellt und als Reservat für Wildpferde, Wisente und Auerochsen eingerichtet.

1298 zum ersten Mal urkundlich erwähnt, wurde Lüdingworth, ebenfalls 1972 nach Cuxhaven eingemeindet. Aus einer ca. 13 Kilometer langen Strichsiedlung entstanden, war und ist das kleine Kirchspiel auch heute weitgehend von der Landwirtschaft geprägt. Knapp über 2 000 Einwohner leben in dem kleinen Ort. Stolz ist man hier in Lüdingworth, Geburtsort von Carsten Niebuhr (1733–1815), dem bedeutenden Arabienforscher, zu sein. An der Außenmauer der Kirche wurde ihm zu Ehren eine Gedenktafel angebracht.

In der Zeit, als Lüdingworth noch zu Hadeln gehörte, ließ Herzog Franz II. von Sachsen-Lauenburg 1590 in der Nähe von Gudendorf eine Burg nebst Vorwerk errichten. Sie erhielt den Namen des Landesherrn – „Franzenburg". Doch der Festung war kein langes Leben beschieden; 1644, kurz vor Ende des Dreißigjährigen Krieges, gab der Nachfolger von Franz II., Herzog August, den Befehl, die Anlage zu schleifen. Die meisten der zu ihrem Bau verwendeten Feldsteine wurden später für Stackbauten am Elbufer benutzt, aus weiteren Resten entstand auf dem Gelände der Domäne, dem früheren Vorwerk, ein Torhaus. Es wurde nach einer wechselvollen Geschichte vor kurzer Zeit restauriert, heute beherbergt es in seinen Mauern eine rustikale Gastwirtschaft namens „Cafe Schwein".

Das 1790/91 aus Steinresten der Franzenburg erbaute Torhaus.

Die Windmühle „Betty" in Lüdingworth

Gegen Ende des 12. Jahrhunderts als Feldsteinkirche errichtet, erhielt die St. Jacobi-Kirche in Lüdingworth 1520 einen Chorraum mit Kreuzrippengewölbe aus Backstein.

Lüdingworth (plattdeutsch *De Worth*) ist ein Stadtteil von Cuxhaven. Zu Lüdingworth gehören die Ortsteile Feuerstätte und Seehausen sowie Köstersweg mit Lüderskoop.

Die Gegend um Lüdingworth war seit etwa Christi Geburt besiedelt. Der Name des langgestreckten Marschhufendorfes verweist auf die Wurthen (Warften), auf denen die Höfe früher errichtet wurden. Noch heute ist die knapp fünf Meter hohe Kirchwarft erkennbar. Seit dem 12. Jahrhundert gab es einen Seedeich, dessen Reste heute zwischen Lüdingworth und dem jüngeren Altenbruch verlaufen. Die Marsch wurde vor ca. 700 Jahren mit Hilfe von holländischen Siedlern entwässert und urbar gemacht.

Ihre Innenausstattung gilt als typisches Beispiel für eine bäuerlich strukturierte Kirchenkunst. Weithin bekannt ist die Orgel dieser Kirche. Geschaffen hat sie ursprünglich 1598/99 der Otterndorfer Orgelbaumeister Antonius Wilde. 1682/83 wurde die Orgel von Arp Schnitger, einem der ganz Großen seiner Zunft, umgebaut, höher gelegt und mit einem Rückpositiv versehen. Die Orgel in Lüdingworth gehört zu den wenigen Instrumenten dieses wohl berühmtesten Orgelbaumeisters, welches die Zeiten überdauert hat. Die hier stattfindenden Orgelkonzerte begeistern jährlich Tausende von Besuchern.

Die Ursprünge der ersten Altenwalder Kirche sollen im 10. Jahrhundert liegen. Eine Inschrift am Turm der heutigen Kirche erzählt kurz deren Geschichte: „Im Jahre 1790 zur Zeit der Amtmannschaft des Herrn Daniel Lienau zu Ritzebüttel ist diese Kirche theils von den Bruchstücken der alten Kirche, theils von milden Beyträgen der Stadt Hamburg mit Beyhülfe der zu dieser Gemeinde gehörigen Unterthanen des Amtes Ritzebüttel durch den Baumeister Johann August Rothe aus Hamburg neu erbauet. Pastor war zu der Zeit Johann Gottlob Bar, Schultheiss: Johann Schleyer, Juraten: Peter Dammann, Johann Bösch, Marx Lobeck."

Holte-Spangen – das Reiterdorf an der Küstenheide

Holte-Spangen, seit langem nach Cuxhaven eingemeindet, hat seine dörfliche Struktur bewahrt und liegt idyllisch dicht an der Nordsee und an der Cuxhavener Küstenheide. Erkunden Sie mit Ihrer Familie die abwechslungsreiche Moor-, Wald- und Heidelandschaft, in der Sie Spaziergänge, Radwanderungen und Ausritte unternehmen können. Auf den zahlreichen Pony- und Reiterhöfen können die kleinen und großen Gäste das Reiten erlernen. Wer den Urlaub mit seinem Pferd verbringen möchte, der findet hier Unterkünfte mit Gastboxen vor.

Hier können auch Pferde Urlaub machen – grasen auf grüner Weide und frische Meeresluft genießen, das tut auch den Vierbeinern gut. (Foto: Hella Frauenpreiß)

Die Küstenheide

Ein Relikt der letzten Eiszeit ist ein Geestausläufer, der sich aus Richtung Bremerhaven von Langen über Holßel, Midlum, Altenwalde bis nach Duhnen und Sahlenburg hinzieht. Hinter dem Geestrücken erstreckt sich zwischen Oxstedt, Altenwalde, Arensch, Berensch und Sahlenburg eine weitgehend naturbelassene Landschaft, die noch vor wenigen Jahren der Bundeswehr als Übungsgelände diente. Die Spuren, die Panzer und andere Militärfahrzeuge hinterließen, sind schon lange nicht mehr zu sehen. Seit 2004 steht das weit über tausend Hektar große Gebiet unter Naturschutz. Es besteht aus weiträumigen Heidefla-

Koniks sind eine Ponyrasse aus dem mittel- und osteuropäischen Raum. Die Ponys sind sehr robust und finden Verwendung sowohl in der extensiven Landwirtschaft als auch bei der Erhaltung von zahlreichen Naturschutzgebieten.
Heckrinder wurden rund 200 Jahre nach dem Tod des letzten Auerochsen in Polen zurückgezüchtet. Man kreuzte spanische Kampfstiere und korsische Kühe, schottische Hochlandrinder und polnische Steppenrinder. Das Ergebnis waren die Heckrinder, man darf aber auch die Begriffe Ur oder Auerochsen für sie verwenden.

chen, Heidemooren und Eichen – Krattwäldern. Es ist ein Biotop für viele selten gewordene oder schon auf den Roten Listen stehende Tier – und Pflanzenarten. Eine besondere Attraktion für die Besucher sind die hier in den letzten Jahren angesiedelten Wisente, Heckrinder und Wildpferde, die in großen eingezäunten Arealen leben. Diese in freier Wildbahn schon lange nicht mehr existierenden Paarhufer haben zudem noch eine sehr nützliche Funktion – sie verhindern die Verbuschung und tragen so erheblich zur Erhaltung des in Ausdehnung und Ausprägung so einmaligen Landschaftsbildes bei.

Die Wisente sind Wildrinder, die sehr eng mit den in Nordamerika lebenden Bisons verwandt sind. Wisente lebten noch während des Mittelalters in wald- und steppenreichen Gebieten Osteuropas, starben auch nicht wie die Auerochsen aus, waren aber nur noch in ganz kleinen Populationen zu finden. Durch Initiative von Zoologischen Gärten gelang es, die die Zahl der Tiere wieder zu erhöhen und ähnlich wie in den USA in Naturreservaten für die Wisente neuen Lebensraum zur Verfügung zu stellen.

UNESCO-Weltnaturerbe Wattenmeer

Ein schier unendlicher Himmel, nur von der Erdkrümmung am Horizont begrenzt, bildet das Firmament für eine der letzten Naturparadiese an Europas Küsten. Die Watten vor den Ost- und Nordfriesischen Inseln und die Wattengebiete in den Mündungen von Elbe, Weser und Ems sind ein Öko-System, dass sich in Jahrtausenden von Jahren gebildet hat. Nur wenige Jahrzehnte genügten, um diese grandiose Naturlandschaft in ihrem Bestand ernsthaft zu gefährden. Lange, fast zu lange hat es gedauert, um die Schutzwürdigkeit dieser Zonen zu erkennen und durchzusetzen. Seit 1986 stehen weite Gebiete als Nationalparks unter strengstmöglichem Naturschutz: Aber noch immer gefährden profitorientierte Interessen von Wirtschaft und Schifffahrt ihren Bestand.

Wat is dat mit dat Watt? Nicht nur die Gäste aus den rheinischen Landen wollen ihr Informationsbedürfnis zu diesem Thema stillen. Anlaufstelle für alle, die sich näher über den Nationalpark und das Cuxhavener Wattengebiet informieren wollen, ist das Wattenmeer Besucherzentrum in Cuxhaven-Sahlenburg. Es wurde 1989 in Trägerschaft der Stadt Cuxhaven eingerichtet und wird vom Land Niedersachsen gefördert. Seit der Eröffnung haben bereits über eine Million Menschen das Nationalpark-Zentrum besucht.

Steht man am Strand in Cuxhaven–Döse, so kann man auf alle drei deutschen Wattenmeer-Nationalparks blicken: Cuxhavens Wahrzeichen, die Kugelbake, ist der nordöstlichste Punkt des Nationalparks „Niedersächsisches Wattenmeer". Auf der anderen Seite der Elbe liegt der Nationalpark "Schleswig-Holsteinisches Wattenmeer". Die Insel Neuwerk und ihre umgebenden Wattflächen gehören zum Nationalpark „Hamburgisches Wattenmeer".

Die Cuxhavener Küstenlandschaft ist abwechslungsreich und bietet hervorragende Möglichkeiten, die Natur zu genießen. Die Wattflächen bestehen überwiegend aus Sand- und Mischwatt und sind daher im Unterschied zu Schlickwatten gut begehbar. Hunderttausende von Menschen wandern jedes Jahr im Cuxhavener Watt, viele von ihnen unternehmen auch den gut dreistündigen Marsch entlang des Wattenweges zur Insel Neuwerk.

Zwischen Duhnen und Sahlenburg hat sich in der letzten Eiszeit ein natürlicher Höhenrücken ausbildet, ein sogenanntes Geestkliff, dass das Hinterland vor Überflutungen schützt. Auf dem Sandboden hat sich eine Küstenheide, die so genannte „Duhner Heide" (seit 2001 Bestandteil des Nationalparks) entwickelt. Eine Aussichtsplattform ermöglicht einen beeindruckenden Rundumblick in die Heidelandschaft und auf das Wattenmeer. Der „Entdeckungspfad Duhner Heide" bietet auf anschaulichen Tafeln spezielle Einblicke in die Vielfalt von Natur und Landschaft. Den Übergang zum Watt bildet hier der „Duhner Anwachs", eine Salzwiese, die oftmals Tausenden von Vögeln als Hochwasserrastplatz dient. Vogelkundlich Interessierten bieten sich hier hervorragende Beobachtungsmöglichkeiten.

Zu jeder Jahreszeit bietet die Wattenlandschaft dem Betrachter fantastische Bilder. Das Spiel von Wind und Wolken, die Reflexionen des Lichts durch spiegelndes Wasser und vor allem die lodernden Sonnenuntergänge inspirieren Maler, Fotografen und den stillen Geniesser gleichermaßen.

Ein schier unendlicher hoher Himmel, nur von der Erdkrümmung am Horizont begrenzt, bildet das Firmament für eines der letzten Naturparadiese an Europas Küsten. Die Watten vor den Ost- und Nordfriesischen Inseln und die Wattengebiete in den Mündungen von Elbe, Weser und Ems bilden eine grandiose Naturlandschaft. Aus der Luft fotografiert, ergeben sich fantastische Aus- und Einblicke in ihre Strukturen.

Seiten 106-107: *Die freien Wattflächen, Priele, Sandbänke und die auch bei extrem niedrigen Wasserständen vom Meer überspülte Dauerflutzone bilden den größten Bereich des Nationalparks Wattenmeer.*

Drei Inseln im Wattenmeer – Neuwerk, Scharhörn und Nigehörn

In einer Chronik aus dem Jahr 1286 findet sich die erste schriftliche Erwähnung der damals zum Land Hadeln gehörenden Insel „O“. Das zu der Zeit unbedeichte Eiland diente während der Heringsfangperiode Hamburger, Bremer und Stader Fischern und Kaufleuten als Handels- und Umschlagplatz. 1299 gaben die Herzöge von Sachsen-Lauenburg als Landesherren von Hadeln der Stadt Hamburg die Erlaubnis, auf der Insel „Nige O“ einen Turm als Seezeichen zu errichten. Der Turm, als Festungswerk ausgelegt, sollte zudem die Elbmündung sichern und Seefahrern den ungehinderten Zugang zum Hafen der aufstrebenden Hansestadt gewährleisten. Das zwischen 1300 und 1310 errichtete, fast dreißig Meter hohe Bauwerk ruht auf einem Fundament aus Feldsteinen und besitzt sechs Stockwerke. Eine ständige Besetzung von etwa zehn Mann war in der Lage, den Turm militärisch zu sichern und daneben den von vorbeifahrenden Schiffen zu erbringenden Wegezoll zu kassieren. Um 1374 wurde der Turm durch einen Brand schwer beschädigt und in den darauf folgenden Jahren in der weitgehend bis heute erhaltenen Form wieder hergestellt. Mit der Einnahme der Burg der Lappes durch Hamburg 1393 wurde die Insel dem jetzt in Ritzebüttel residierenden Hamburger Amtmann unterstellt. Ein „Inselvogt“ war sein Vertreter.

Aus der Namensgebung des im Niederdeutschen als „Nige Wark“ bezeichneten Bauwerks leitet sich die heutige Bezeichnung der Insel „Neuwerk“ ab. Fast fünfhundert Jahre bleibt Neuwerk in Hamburger Besitz. 1937 fällt Neuwerk zusammen mit Cuxhaven durch das Groß-Hamburg-Gesetz an Preußen, die Insel wird dadurch ein Ortsteil Cuxhavens. 1962 wird ein Staatsvertrag zwischen dem Land Niedersachsen und Hamburg geschlossen. Im Ausgleich gegen seine Hoheits- und Besitzrechte im Cuxhavener Hafengebiet erhält Hamburg eine ca. 95 Quadratkilometer große Fläche im Wattenmeer und damit Neuwerk und Scharhörn zurück. Nachdem der niedersächsische Landtag das Durchführungsabkommen gebilligt hat, erfolgt 1967 die offizielle Übergabe. Mit der Errichtung des Nationalparkhauses und der Erweiterung des Nationalparks „Hamburgisches Wattenmeer“ um ca. 2050 Hektar hat der Senat die Weichen für eine „ökologische“ Zukunft der Insel gestellt.

Die Nachbarinsel von Neuwerk ist Scharhörn. Dieses Eiland ist eine wandernde Sandinsel, aber keine Wanderdüne. Sie liegt im Zentrum des Nationalparks Wattenmeer. Wind, Wellen und die Strömung der Elbe verändern seit Jahrhunderten Lage und Umfang dieser unbewohnten Insel. Es könnte möglich sein, dass sie eines Tages verschwunden sein wird. Seit über 50 Jahren steht Scharhörn unter Naturschutz und ist Brut- und Niststätte für zahlreiche Seevogelarten. In den Sommermonaten führt dort ein Vogelwart ein Robinson-ähnliches Dasein.

Von Menschenhand geschaffen wurde Nigehörn. Um den drohenden Verlust von Scharhörn auszugleichen und Raum für eine Vogelschutzkolonie zu erhalten, wurde 1989 ein einmaliges Experiment gestartet. Saugbagger spülten Millionen Tonnen von Sand an einer strömungsarmen Stelle südlich von Scharhörn auf. Dann stellte man Faschinen und Sandfangzäune auf, pflanzte Strandhafer und andere anspruchslose Pflanzen an – und eine neue Insel war geboren.

Seite 109: Ansichten von Neuwerk: Die etwa drei Quadratkilometer umfassende Insel ist nur zu einem Teil eingedeicht. Der fruchtbare Marschboden hinter dem sturmflutsicheren Deich und das Vorland werden von mehreren Bauernhöfen bewirtschaftet. Die gut drei Dutzend Einwohner Neuwerks leben mittlerweile aber überwiegend vom Fremdenverkehr. Für die Gäste, die die Insel besuchen, gibt es eine Reihe von Pensionen und Gastwirtschaften, Hauptattraktion ist die Turmschenke.

Seite 110 - 111: Scharhörn ist eine wandernde und unbewohnte Sandinsel. Sie dient zahlreichen Vogelarten als Brutstätte.

Bibliographie

Abendroth, A., Ritzebütel und das Seebad zu Cuxhaven, Bd. 1 u. 2 , Hamburg 1818 und 1837
Borrmann, Hermann, Daten zur Geschichte des Amtes Ritzebüttel, und der Stadt Cuxhaven, Cuxhaven 1982
Borrmann, Hermann, Bilder zur Geschichte des Hamburgischen Amtes Ritzebüttel und der Stadt Cuxhaven, Bd. 1 u. 2, Cuxhaven 1983
Bussler, Peter, Historisches Stadtlexikon für Cuxhaven, Bremerhaven 2002
Dannmeyer, Ein Turm und seine Insel, Cuxhaven 1952
Kohfahl-Münker, „Cuxhaven", ein Heimatbuch, Cuxhaven 1938
Kühne, Karl B., Hafen am Meer, Norderstedt 1981
Kühne, Karl B., Cuxhaven – der lange Weg zum Universalhafen, Cuxhaven 1993,
Reclams Kunstführer: Niedersachsen, Hansestädte, Schleswig-Holstein, Stuttgart 1976

Bildnachweis

Alle historischen Aufnahmen Stadtarchiv Cuxhaven,
Martin Elsen: S. 16u.l.,17,18o.,19,20.o,20,22u.,40,45,47,52,53,54,55,69o.r,70,72, 73o.r.,75,76 o.,80o.l,m.l,u.l.,83 o.,84 o.l.,85 o.r.,87 u.,2. r.m.,88,89,90o.,91o.,93,94 2.l.,95,97u.,98,99,101r.,104,105,106,107,109,110
Stefan Hofecker: S.27o.,40,41o./m.,51,56,57,58o./m.,59,60,61,28u.,76u.,77u.r., 81o.
Hartmut Mester: S.9, 21,22, 24, 26, 27, 28, 35, 43, 44, 52, 57, 58, 60, 61, 63, 72, 74, 76, 79, 80, 90,16o.,18,20,22,25,26,28o./u.,29o.,30, 31l.u.r,32u.,33,37,41 u.,45,47u.,50u.,58u.,62 l,63,68,69,70, 71,73,74,78, 81u.,83,85m.,85u.l.,U1
Jörn Meyer: S. 101 l.,102,103, AFW-Cuxhaven: S. 32
Jochen Grimm: S.34u., PNE Wind: S.32o.; Reederei Eils: S.29m.; Siemens: S.34o.
Pressestelle des „Marinefliegeschwaders 3 „Graf Zeppelin": S.89 ol.

Nik Schumann, Buchhändler und Verleger, lebt seit über 50 Jahren an der Waterkant. Nach einer publizistischen Ausbildung bei der Deutschen Presse Agentur war er lange Zeit im Marketingbereich für namhafte Verlage tätig.
Seit vielen Jahren ist Nik Schumann Mitglied im Verband Deutscher Schriftsteller.